F

RÉPERTOIRE

DES MAIRES,

POUR

L'EXÉCUTION DE LA LOI DU 10 MARS 1818.

RÉPERTOIRE
DES MAIRES,

POUR

L'EXÉCUTION DE LA LOI DU 10 MARS 1818;

OU

RECUEIL

EXTRAIT DES LOIS, ORDONNANCES ET INSTRUCTIONS SUR LE RE-
CRUTEMENT DE L'ARMÉE, POUVANT SERVIR DE GUIDE AUX
JEUNES GENS QUI, PAR LEUR AGE, SONT APPELÉS A CONCOURIR
A LA FORMATION DU CONTINGENT DE LEUR CLASSE.

PAR HISSON,

CAPITAINE D'ARTILLERIE, CHEVALIER DES ORDRES ROYAUX DE SAINT-LOUIS ET
DE LA LÉGION-D'HONNEUR, CHARGÉ DU RECRUTEMENT DU DÉPARTEMENT
DU DOUBS.

A BESANÇON,

CHEZ GAUTHIER FRÈRES ET C.e, LIBRAIRES.

M. DCCC. XXIII.

RÉPERTOIRE

DES MAIRES,

POUR

L'EXÉCUTION DE LA LOI DU 10 MARS 1818.

PREMIÈRE PARTIE.

TITRE PREMIER.

RECENSEMENS DANS LES COMMUNES.

CHAPITRE PREMIER.

FORMATION DES TABLEAUX DE RECENSEMENT PAR LES MAIRES.

N.^{os}

1   CHAQUE année, dans les premiers jours de janvier, les Maires feront le recensement des jeunes gens qui auront accompli leur vingtième année avant le 1.er dudit mois de janvier. (*Art. 4 de l'Instruction du 21 octobre 1818, approuvée par le Roi.*)

2   Le recensement qui doit s'effectuer chaque année ne doit pas éprouver de retard, attendu que cette opération est absolument indépendante de l'appel et de la

mise en activité des classes. (*Solution donnée le 2 avril* 1819.)

3   MM. les Préfets doivent faire dresser pour chaque commune, dans le courant du mois de décembre, la liste des jeunes gens omis dans les tirages des années précédentes : ces listes sont envoyées aux Maires par les soins des Sous-Préfets. (*Art.* 132 *de l'Instruction du* 21 *octobre* 1818.)

4   Un jeune homme qui, par erreur, n'a pas été inscrit sur les listes de sa classe, doit être porté sur celles de la classe dont l'appel suit immédiatement l'époque de la découverte de l'omission, lors même qu'une ou plusieurs classes auraient été appelées dans l'intervalle ; c'est-à-dire, par exemple, qu'un jeune homme qui aurait été omis sur les listes de la classe de 1819, et pour lequel l'erreur serait seulement reconnue en 1823, doit être compris dans le recensement de la classe de 1823. (*Art.* 10 *de la loi.*)

5   En conséquence de l'article ci-dessus, les Maires devront porter sur le tableau de recensement, les jeunes gens omis sur les classes antérieures, et qui auraient été découverts depuis le tirage de leur classe ; quand même ces jeunes gens ne se trouveraient pas compris sur les listes que les Préfets leur auraient adressées d'après les dispositions rappelées dans le n.° 3 ci-dessus. (*Art.* 10 *de la loi.*)

6   Afin d'éviter les omissions dans la formation des tableaux de recensement, les Maires consulteront les régistres des naissances, ceux des passe-ports, et tous les autres actes publics auxquels ils jugeront utile d'a-

voir recours. Ils appelleront même les jeunes gens susceptibles d'être portés sur le tableau de recensement, pour se faire donner par eux les indications dont ils auraient besoin. Les jeunes gens seront tenus de se présenter devant les Maires de leurs communes respectives, sur l'ordre qui leur en sera donné par ce fonctionnaire. (*Art. 5 de l'Instruction du* 21 *octobre* 1818.)

7 Les Maires doivent porter sur les tableaux de recensement tous les jeunes gens qui, par leur âge, font partie de la classe pour laquelle les tableaux sont dressés, et quels que soient d'ailleurs leurs droits à l'exemption ou à la dispense. *Il n'y a pas d'autre exception à cette règle que pour ceux dont l'existence ne serait pas notoire, et ceux qui se trouvent exclus par l'art.* 2 *de la loi comme vagabonds ou hommes sans aveu, ou bien ceux condamnés à des peines afflictives ou infamantes.* (*Circulaire du* 18 *septembre* 1818.) Cependant l'exclusion n'est point applicable aux condamnés par contumace. (*Solution donnée le* 9 *août* 1821.)

On doit entendre par vagabonds ou hommes sans aveu, ceux qui n'ont ni domicile certain, ni métier, ni profession. (*Art.* 270 *du Code pénal.*)

8 Les Maires doivent avoir égard au jour où chaque individu est né, et non pas à celui où il a été inscrit sur les registres de l'état-civil, attendu que cette inscription peut quelquefois avoir été retardée. (*Solution donnée le* 9 *octobre* 1818.)

9 Lorsque les registres de l'état-civil ne font pas mention de la date de naissance d'un jeune homme présumé appartenir à la classe de l'année, le Maire doit, pour

I.

satisfaire à l'article 11 de la loi, consulter sur son âge la notoriété publique. (*Circulaire du 6 novembre* 1818.)

.10   Les Maires consultent la notoriété publique en procédant d'office à une enquête administrative. Ils ne doivent pas se borner dans cette enquête à recevoir les déclarations des personnes qui leur sont présentées par les parties, mais ils doivent encore provoquer eux-mêmes les déclarations des notables habitans, et principalement de ceux qui ont des fils déjà inscrits sur le tableau de la classe. (*Circulaire du 6 novembre* 1818.)

11   Il n'y a pas lieu à consulter la notoriété publique, à défaut de registres de l'état-civil, pour les jeunes gens qui produiraient en remplacement de leur acte de naissance, un jugement régulier et rendu contradictoirement avec la partie publique; et s'il y avait eu enquête administrative faite à l'égard de jeunes gens dans cette position, le jugement prévaudrait. (*Circulaire du* 19 *juillet* 1819.)

12   Les jeunes gens de la classe seront inscrits sur le tableau de recensement dans l'ordre alphabétique de leurs noms de famille, tels que ces noms seront portés dans les actes de naissance, et sans aucune altération. (*Art.* 12 *de l'Instruction du* 21 *octobre* 1818.)

13   Les Maires commenceront les tableaux de recensement par l'inscription des omis des classes précédentes, et dans le même ordre alphabétique. (*Art.* 132 de *l'Instruction du* 21 *octobre* 1818.)

CHAPITRE II.

CONDITIONS DE L'INSCRIPTION SUR LES TABLEAUX DE RECENSEMENT.

14   LES Maires inscriront sur les tableaux de recensement tous les jeunes gens qui ont leur domicile légal, ou qui sont considérés, d'après l'art. 8 de la loi, comme ayant leur domicile de droit dans la commune, savoir :

1.° Les jeunes gens même émancipés, engagés, établis au dehors, expatriés, absens ou détenus, si d'ailleurs, leurs père, mère ou tuteur ont leur domicile dans la commune, ou s'ils sont fils d'un père expatrié qui avait son dernier domicile dans ladite commune.

2.° Les jeunes gens mariés dont le père, ou la mère à défaut du père, serait domicilié dans la commune, à moins qu'ils ne justifient de leur domicile réel dans une autre commune.

3.° Les jeunes gens mariés et domiciliés dans la commune, lors même que leur père ou mère n'y serait pas domicilié.

4.° Les jeunes gens nés et résidant dans la commune, qui n'auraient ni leur père, ni leur mère, ni tuteur.

5.° Les jeunes gens résidant dans la commune, qui ne seraient dans aucun des cas précédens et qui ne justifieraient pas de leur inscription dans un autre canton. (*Voyez art. 8 de la loi.*)

15   Les jeunes gens, *même majeurs*, doivent être inscrits dans la commune où leur père et mère ont leur domicile, et ils ne peuvent pas être inscrits sur les ta-

bleaux de recensement d'un autre canton, à moins qu'étant mariés, ils n'aient un domicile réel autre que celui de leurs père et mère. (*Circulaire du* 15 *octobre* 1818.)

16 Un jeune homme dont le père paie une contribution foncière dans un département, mais qui réside dans un autre où il paie la contribution personnelle et de patente depuis plusieurs années, doit être compris sur le tableau de recensement de la commune où réside son père. (*Décision ministérielle du* 8 *juin* 1819.)

17 Les orphelins de père et de mère qui n'ont pas de tuteur, doivent être inscrits sur le tableau de la commune où ils sont nés ; et ils y seront maintenus, s'ils ne prouvent pas qu'ils aient été portés sur ceux de la commune où ils résident. (*Art.* 7 *de l'Instruction sur les appels.*)

18 Tout orphelin devenu majeur n'a plus de tuteur ; en conséquence l'article précédent lui est applicable. (*Solution donnée le* 9 *octobre* 1819.)

19 L'élève d'un hospice a pour tuteurs les administrateurs de l'établissement auquel il est confié ; il doit donc, s'il n'est pas majeur, être inscrit dans la commune où cet hospice est situé. (*Solution donnée le* 5 *juin* 1819.)

20 Il en est de même des élèves des écoles d'arts et métiers, ou autres établissemens publics, lorsqu'ils sont orphelins de père et de mère. (*Solution donnée le* 26 *septembre* 1818.)

21 Celui dont le père est décédé, sera inscrit sur le tableau de la commune où sa mère est domiciliée, lors

même qu'il lui aurait été donné un tuteur ayant son domicile dans une autre commune. (*Art. 8 de l'Instruction du 21 octobre* 1818.)

22 Les jeunes gens dont les père, mère ou tuteur ont leur domicile légal dans les colonies françaises, ne seront pas portés sur les tableaux de recensement, et resteront soumis, pour ce qui concerne la défense de l'état, aux lois et règlemens qui, aux termes de l'article 73 de la Charte, régissent ces colonies. Mais les fils des colons, dont les père, mère ou tuteur ont acquis domicile en France, doivent être portés sur les tableaux de recensement. (*Art.* 9 *de l'Instruction du 21 octobre* 1818.)

23 Les jeunes gens expatriés dont les familles ont obtenu des lettres patentes autorisant leur naturalisation en pays étranger, et qui, aux termes de l'article 108 du Code civil, ont pour domicile celui de leurs père et mère, ne seront pas inscrits sur les tableaux de recensement. (*Art.* 10 *de l'Instruction du 21 octobre* 1818.)

24 Les jeunes gens dont la famille est en France et qui se trouvent en pays étrangers, doivent être compris sur les tableaux de recensement du domicile de leur famille et considérés comme présents, *si leur existence est notoire.* (*Solution donnée le* 18 *septembre* 1818.)

25 Le fils d'un étranger, quoique né en France d'une mère française, est étranger; il ne peut acquérir la qualité de Français que dans l'année qui suit celle où il aura atteint sa majorité, et à condition de résider en France et d'y fixer son domicile; la résidence même ne suffit pas, et il faut avoir déclaré l'intention de se fixer,

en France et avoir obtenu des lettres de déclaration de naturalité. (*Lettre de M.ᵉʳ le Garde des Sceaux*, *du 5 février 1819.*)

26　　Les Maires ne considéreront pas comme Français, et en conséquence n'inscriront pas sur les tableaux de recensement, les jeunes gens résidant en France avec ou sans leurs parens, mais appartenant à des départemens qui ne font plus partie du royaume; ces jeunes gens étant étrangers. (*Solution donnée le 28 octobre 1818.*)

27　　Les Maires auront la plus grande attention de n'inscrire sur les tableaux de recensement que les jeunes gens dont *l'existence sera notoire*, et que ceux qui ne se trouvent dans aucun des cas d'exclusion spécifiée par l'article 2 de la loi du 10 mars 1818. (*Voyez le n.º 7 du présent Recueil.*)

28　　En conséquence il n'y a pas lieu à inscrire sur les tableaux de recensement, les jeunes gens absens en pays étrangers, et desquels, faute de nouvelles récentes, l'existence ne peut être notoirement établie. (*Solution donnée le 7 septembre 1819.*) MM. les Préfets doivent veiller à la stricte observation des règles ci-dessus, afin de n'être pas exposés ensuite à provoquer des recherches et des poursuites en désertion inutiles.

CHAPITRE III.

PUBLICATION DES TABLEAUX DE RECENSEMENT.

29　　Les publications des tableaux de recensement voulues par l'article 4 de la loi, devront être terminées une semaine avant le jour fixé pour l'examen de ces tableaux. (*Art. 14 de l'Instruction du 21 octobre 1818.*)

30 Le dimanche où la première publication des tableaux de recensement devra se faire, sera indiqué à son de trompe ou de tambour dans toute l'étendue de la commune. (*Art. 14 de l'Instruction du 21 octobre 1818.*)

31 Les Maires tiendront exactement note des mutations qui surviendront concernant les jeunes gens de la classe, dans l'intervalle du temps qui doit s'écouler entre le moment de l'ouverture des tableaux de recensement et celui de leur publication. (*Art. 15 de l'Instruction du 21 octobre 1818.*)

32 Ils vérifieront dans cet intervalle l'exactitude des renseignemens qui leur auront été fournis. (*Art. 15 de l'Instruction du 21 octobre 1818.*)

33 Ils dresseront l'expédition qui doit être affichée dans les vingt-quatre heures qui précéderont la première publication. (*Art. 15 de l'Inst. du 21 octobre 1818.*)

34 Les Maires ne peuvent pas être autorisés à remplacer l'affiche du tableau de recensement par un avis portant que ce tableau est déposé à la Mairie. (*Art. 15 de l'Instruction du 21 octobre 1818.*)

CHAPITRE IV.

EXAMEN DES TABLEAUX DE RECENSEMENT.

35 L'EXAMEN des tableaux de recensement se fait aux lieu, jour et heure indiqués dans les communes, par les soins des Sous-Préfets assistés des Maires du canton. L'avis relatif à cet examen doit être publié les mêmes

jours que les tableaux de recensement : il tiendra lieu
de publication pour les jeunes gens de la classe. (*Article* 16 *de l'Instruction du* 21 *octobre* 1818.)

36   Il importe que MM. les Sous-Préfets et les Maires ne
se fassent remplacer que très-rarement dans ces sortes
d'opérations.

37   Chaque Maire doit être porteur de deux expéditions
du tableau de recensement de sa commune. (*Art.* 19
de l'Instruction du 21 *octobre* 1818.)

38   Les Préfets peuvent prescrire aux Maires d'envoyer
aux Sous-Préfets une expédition des tableaux de recensement, à partir du jour fixé pour la première publication. (*Circulaire du* 11 *juin* 1819.)

39   Il sera fait une lecture publique du tableau de recensement de chaque commune du canton, et le Sous-
Préfet demandera aux personnes présentes à cette lecture si elles connaissent les jeunes gens qui y sont portés,
et si ceux qui s'y trouvent portés ont des réclamations
à faire contre leur inscription.

40   Si, lors de l'examen des tableaux de recensement, il
était reconnu que des jeunes gens de la classe appelée
n'aient pas été inscrits, le Sous-Préfet les ferait porter
à la suite du tableau de leur commune. (*Art.* 21 *de
l'Instruction du* 21 *octobre* 1818.)

41   S'il y avoit contestation relativement à des exclusions
prononcées par des Maires, les Sous-Préfets peuvent
rectifier leurs opérations. (*Solution donnée le* 27 *novembre* 1818.)

42   Les jeunes gens qui auraient été mal à propos compris sur les tableaux de recensement, en seront rayés

par les Sous-Préfets. (*Art.* 22 *de l'Instruction du* 21 *octobre* 1818.)

43 Lorsque les tableaux de recensement du canton auront été rectifiés, il ne pourra y être fait aucune addition. (*Art.* 23 *de l'Instruction du* 21 *octobre* 1818.)

44 Les jeunes gens de la classe qui, par un motif quelconque, n'auraient pas été inscrits, seront renvoyés à la classe suivante et portés sur les tableaux de cette classe. (*Art.* 24 *de l'Instruction du* 21 *octobre* 1818.)

45 Après avoir arrêté les tableaux de recensement, le Sous-Préfet en fera donner une seconde lecture publique, et il préviendra les jeunes gens et leurs parens que les réclamations qu'ils pourraient encore avoir à faire relativement à la formation et à la rectification de ces tableaux, doivent être désormais portées devant le Conseil de révision. (*Art.* 26 *de l'Instruction du* 21 *octobre* 1818.)

TITRE II.

DES OPÉRATIONS DU TIRAGE.

CHAPITRE PREMIER.

OPÉRATIONS DU TIRAGE ET FORMATION DE LA LISTE DU TIRAGE.

46 Les opérations du tirage commenceront immédiatement après que les tableaux de recensement auront été définitivement arrêtés. (*Art.* 26 *de l'Instruction du* 21 *octobre* 1818.)

47 Les communes dans chaque canton, seront appelées

pour le tirage, suivant l'ordre alphabétique de leurs
noms, et les jeunes gens de chaque commune suivant
l'ordre de leur inscription sur les tableaux de recensement. (*Art.* 29 *de l'Instruct. du* 21 *octobre* 1818.)

48   Au fur et à mesure que les jeunes gens seront appelés, ils tireront de l'urne un numéro. Les parens des
absens, ou, à leur défaut, le Maire de leur commune,
tireront à leur place. Le Sous-Préfet inscrira sur la liste
du tirage, préparée à l'avance, en regard du numéro
sorti, les noms, prénoms et surnoms de celui auquel
le numéro appartiendra. (*Art.* 30 *et* 31 *de l'Instruction du* 21 *octobre* 1818.)

49   Dans aucun cas l'opération du tirage ne peut être
recommencée; et, s'il se trouvait dans l'urne un nombre de bulletins inférieur à celui des jeunes gens de la
classe, ceux des jeunes gens pour qui ces bulletins auraient manqué seraient renvoyés au tirage de la classe
suivante. (*Art.* 32 *de l'Inst. du* 21 *octobre* 1818.)

50   Si au contraire, il se trouvait dans l'urne un excé-
dant de bulletins, les numéros qui ne seraient pas sor-
tis devront être considérés comme échus à des hommes
exemptés et remplacés dans le contingent. (*Solution
donnée le* 7 *septembre* 1818.)

51   Si par erreur il arrivait que plusieurs bulletins portant le même numéro fussent tirés de l'urne, les jeunes
gens porteurs de ces numéros, tireraient entr'eux et seraient inscrits dans l'ordre que le sort de ce nouveau
tirage leur assignerait, en commençant par le numéro
le plus élevé. (*Solution donnée le* 7 *septembre* 1818.)

52   Un jeune homme qui, n'ayant pas encore atteint l'âge

des jeunes gens de la classe, aurait été admis à tirer un numéro, doit être renvoyé suivant son âge, aux tirages des années suivantes. (*Solution donnée le 7 septembre* 1818.)

53   Le Sous-Préfet doit demander aux jeunes gens qui se présentent eux-mêmes, et aux parens ou autres personnes chargées de représenter les absens, s'ils ont des motifs d'exemption ou de dispense à faire valoir ; il en prend note et ajoute ses propres observations. (*Art.* 36 *et* 38 *de l'Instruction du* 21 *octobre* 1818.)

54   Le Sous-Préfet notera comme capables de servir, tant sur la liste du tirage que sur les tableaux de recensement des communes, savoir :

1.º Tous les jeunes gens présens, pour lesquels aucun motif d'exemption n'aura été articulé.

2.º Tous les jeunes gens absens qui se seront fait représenter, lorsqu'il n'aura été fait aucune observation pour réclamer leur réforme ou leur exemption.

3.º Tous les absens qui ne se seront pas fait représenter ; si toutefois l'existence de ces derniers est parfaitement notoire. Les Sous-Préfets doivent, au surplus, prendre auprès des personnes présentes, les informations propres à leur faire découvrir la résidence de chacun des absens. (*Art.* 39 *de l'Instruction du* 21 *octobre* 1818.)

55   MM. les Sous-Préfets et les Maires doivent prendre toutes les mesures convenables, pour que les jeunes gens qui, ayant des pièces à produire, n'en seraient pas pourvus au moment du tirage, sachent d'une manière positive, non-seulement quelles sont les pièces

qui leur manquent, mais encore dans quels délais ils doivent les fournir au Conseil de révision. (*Circulaire du 4 mai* 1819.)

56   Le procès-verbal que le Sous-Préfet aura dressé de ses opérations dans chaque canton, sera signé par tous les Maires ou Adjoints présens de ce canton. (*Art.* 41 *de l'Instruction du* 21 *octobre* 1818.)

CHAPITRE II.

PUBLICATION ET TRANSMISSION DE LA LISTE DU TIRAGE.

57   L'AFFICHE de la liste du tirage qui sera placardée au chef-lieu de canton, comprendra tous les jeunes gens du canton. Celle qui doit être placardée dans chaque commune comprendra seulement les jeunes gens de la commune. L'une et l'autre devront relater les annotations que le Sous-Préfet aura faites sur la minute de la liste relative aux jeunes gens du canton ou de la commune. (*Art.* 42 *de l'Instruction du* 21 *octobre* 1818.)

58   La liste du tirage destinée à être affichée au chef-lieu de canton, doit être dressée et placardée à la diligence du Sous-Préfet. Quant aux extraits de la même liste du tirage, destinés pour les autres communes, ils sont également dressés par les soins du Sous-Préfet, mais placardés à la diligence des Maires. (*Circulaire du* 11 *juin et décision du* 16 *juillet* 1819.)

59   Le Sous-Préfet adressera au Préfet une expédition de la liste du tirage ; il gardera par-devers lui, pour être

présentée au Conseil de révision, l'autre expédition de cette liste à laquelle sera annexé le procès-verbal de ses opérations, ainsi qu'une expédition des tableaux de recensement. (*Article 43 de l'Instruction du 21 octobre* 1818.)

60   Il remettra aux Maires la seconde expédition des tableaux de recensement, après y avoir fait remplir les colonnes destinées à recevoir l'indication du résultat de ses opérations et celles du tirage. (*Art. 43 de l'Instruction du 21 octobre* 1818.)

61   Les Maires doivent conserver la deuxième expédition du tableau de recensement qui leur est remise, ainsi que l'extrait de la liste du tirage, pour être à même de communiquer aux familles, dans le cours des opérations et après la levée, les renseignemens dont elles pourraient avoir besoin sur la position des jeunes gens. (*Solution donnée le 30 septembre* 1818.)

TITRE III.

OPÉRATIONS DU CONSEIL DE RÉVISION.

CHAPITRE PREMIER.

TOURNÉE DU CONSEIL DANS LES CHEFS-LIEUX DE CANTON.

62   CHAQUE année, à l'époque fixée par les instructions ministérielles, le Conseil de révision institué par l'article 13 de la loi, se transporte dans les chefs-lieux d'arrondissement ou de canton désignés à l'avance par le Préfet. (*Art. 13 de la loi.*)

63   Les jeunes gens qui, d'après leurs numéros de tirage, pourront être appelés à faire partie du contingent, seront convoqués devant le Conseil de révision pour être examinés et entendus. (*Art.* 13 *de la loi.*)

64   Les séances du Conseil sont essentiellement publiqués; ainsi l'accès doit en être libre à toutes les familles. (*Circulaire du* 21 *octobre* 1818.)

65   Il est de l'intérêt de tous les jeunes gens de comparaître par-devant le Conseil de révision : d'ailleurs son Excellence le Ministre de la guerre a décidé, le 25 novembre 1820, *que nul ne devait être dispensé de comparaître en personne pour être toisé en séance*, excepté les jeunes gens qui, déjà toisés publiquement par les soins du Sous-Préfet, auront été reconnus, sans réclamation, ne pas avoir la taille de 1 mètre 570 millimètres (4 pieds 10 pouces environ). (*Solution donnée le* 25 *novembre* 1820.)

66   Les jeunes gens qui devront comparaître devant le Conseil de révision, seront convoqués par des ordres individuels. Ces ordres seront signifiés par les soins des Maires au moins huit jours à l'avance, et indiqueront le lieu, le jour et l'heure de la comparution. (*Art.* 45 *de l'Instruction du* 21 *octobre* 1818.)

67   Les ordres de convocation doivent indiquer les pièces que chacun aura à produire. (*Art.* 46 *de l'Instruction du* 21 *octobre* 1818.)

68   Les jeunes gens, ou les parens de ceux qui seront fondés à réclamer le bénéfice de l'exemption ou de la dispense, doivent faire à l'avance les démarches convenables pour se procurer toutes les pièces qu'ils doivent

remettre au Conseil de révision, seul juge de leurs droits. Ils s'éviteront des déplacemens toujours oné-reux, s'ils se mettent en mesure de faire prononcer sur leur sort par le Conseil, lors de la tournée dans les chefs-lieux de canton.

69 MM. les Sous-Préfets et les Maires étant chargés de défendre les intérêts de leurs administrés devant le Conseil de révision, doivent assister aux séances ; les premiers de ces fonctionnaires y remplissent les fonc-tions de Rapporteur, et les Maires donnent les rensei-gnemens dont le Conseil peut avoir besoin pour s'é-clairer sur la véritable position des jeunes gens con-voqués. (*Circulaire du 14 août 1818.*)

CHAPITRE II.

SÉANCES DU CONSEIL AU CHEF-LIEU APRÈS LA TOURNÉE.

70 LORSQUE le Conseil de révision aura achevé sa tour-née, il continuera sa session au chef-lieu du départe-ment, jusqu'au jour fixé pour la clôture de la liste dé-partementale qui est celui de ses opérations. (*Circulaire du 3 octobre 1818.*)

Les jours fixés pour ces séances sont indiqués dans le Mémorial administratif du département.

71 Les jeunes gens de la classe ont la faculté de faire valoir leurs réclamations *jusqu'au jour de la clôture de la liste départementale du contingent inclusive-ment;* mais à partir de cette clôture, toutes les déci-sions du Conseil étant réputées définitives, il n'y a pas

2

lieu à en accueillir aucune. Il importe donc beaucoup aux jeunes gens ou à leurs parens, de faire toute diligence possible pour fournir la preuve des droits pour lesquels ils peuvent avoir à réclamer, avant l'époque ci-dessus, qui est le terme de rigueur. (*Circulaires des 11 juin 1819 et 30 mai 1820.*)

DEUXIÈME PARTIE.

DES EXEMPTIONS ET DES DISPENSES.

TITRE PREMIER.

DES EXEMPTIONS PRONONCÉES PAR L'ARTICLE 14 DE LA LOI.

DISPOSITIONS GÉNÉRALES.

72 L'EXEMPTION est, de sa nature, définitive et absolue; en conséquence, dans aucun cas, les jeunes gens exemptés ne seront pas susceptibles d'être repris pour le service militaire.

L'exemption sera appliquée dans la même famille, autant de fois que les mêmes droits s'y reproduiront (§. 6 de l'art. 14 de la loi), c'est-à-dire par exemple que, dans le cas où il s'agit d'un jeune homme qui réclame l'exemption comme ayant un frère sous les drapeaux, si le puîné n'a pas profité du bénéfice de la loi, le troisième frère peut le réclamer en sa faveur. Il en serait de même à l'égard d'un quatrième frère, si le second ni le troisième n'avaient pas joui de l'exemption à laquelle l'un ou l'autre avait droit par la présence sous les drapeaux de leur frère aîné.

Par une conséquence semblable, s'il se trouvait deux ou plusieurs frères sous les drapeaux, ou morts en activité de service, il y aurait lieu à accorder l'exemp-

2.

tion à un pareil nombre d'autres frères de la même famille.

73   Les enfans d'adoption seront admis à jouir du bénéfice de l'exemption prononcée par l'article 14 de la loi, si, du reste, ils sont dans un des cas prévus par cet article. (*Art.* 74 *de l'Instruction du* 21 *octobre* 1818.)

74   Les enfans naturels et non légitimés ne seront pas admis à l'exemption prononcée par l'article de la loi ; et il ne pourra être excipé de leur existence, soit pour faire obtenir, soit pour faire refuser l'exemption aux enfans légitimes de la famille. (*Art.* 75 *de l'Instruction ci-dessus.*)

75   Les certificats, et généralement toutes les pièces à produire pour l'établissement des droits à l'exemption, *sont affranchis du droit de timbre.* En conséquence MM. les Maires sont autorisés à délivrer toutes les pièces ci-dessus mentionnées, sur papier libre, en ayant soin d'indiquer leur destination par ces mots : « *Le présent délivré sur papier libre pour servir à prouver les droits à l'exemption du service militaire par le réclamant.* » (*Circulaires des* 14 *août et* 14 *octobre* 1818.)

Ces mêmes pièces doivent être conservées dans les archives de la Préfecture, à l'appui des décisions rendues par le Conseil de révision ; sauf à en délivrer des expéditions authentiques aux parties, si elles leur sont nécessaires. (*Circulaire du* 9 *juin* 1820.)

76   Les jeunes gens appelés par leurs numéros de tirage, à concourir à la formation du contingent de leur classe, sont admis, jusqu'au jour indiqué pour la clô-

ture de la liste départementale, à faire valoir leurs droits à l'exemption, soit que ces droits aient été acquis avant ou après la tournée du Conseil de révision. (*Circulaire du 5 décembre 1818.*) Cependant on rappellera ici qu'il est de l'intérêt des familles que les jeunes gens présentent leurs réclamations lors du tirage, ou, au plus tard, au Conseil de révision lors de sa tournée : de cette manière ils évitent des déplacemens qui les constituent en frais inutiles.

CHAPITRE PREMIER.

EXEMPTIONS POUR DÉFAUT DE TAILLE.

77   LES jeunes gens qui n'auront pas la taille de 1 mètre 570 millimètres (*4 pieds 10 pouces*) seront exemptés et remplacés dans l'ordre des numéros subséquens. (*Art. 15 de la loi.*)

CHAPITRE II.

EXEMPTIONS POUR INFIRMITÉS.

78   SERONT pareillement exemptés et remplacés dans l'ordre des numéros subséquens, ceux que leurs infirmités rendraient impropres au service. (*Art. 15 de la loi.*)

79   Conformément à l'article 13 de la loi, qui porte que, dans le cas d'exemption pour infirmités, les gens de l'art seront consultés, le Conseil de révision, pour se mettre à même de prononcer avec connaissance de causes, appelle auprès de lui deux médecins ou chi-

rurgiens désignés par la voie du sort. (*Art.* 57 *de l'Instruction du* 21 *octobre* 1818.) *Les avis donnés par les officiers de santé ne doivent être considérés que comme de simples renseignemens auxquels le Conseil n'est pas tenu de déférer.* (*Solution donnée le* 20 *janvier* 1819.)

80   Le tableau d'infirmités joint à l'instruction générale sur la conscription, ne fait pas autorité pour les Conseils de révision ; ce tableau ayant été établi dans un temps où l'on avait intérêt à recevoir tous hommes, pour peu qu'ils fussent en état de porter les armes ; mais aujourd'hui qu'on ne prend qu'une petite partie des classes, les Conseils de révision doivent écarter des contingens de l'armée tous ceux qui ne paraîtraient pas *évidemment* susceptibles de devenir de bons soldats *et de supporter toutes les fatigues de la guerre.* (*Solution donnée le* 17 *juin* 1819.)

81   Lorsqu'un engagé volontaire, déjà rentré dans ses foyers pour inaptitude au service, ou réformé pour infirmités, appartient à la classe appelée, le Conseil de révision doit le classer parmi les dispensés. Dans le cas où l'acte d'engagement n'aurait pas été annulé, l'homme restera comme engagé à la disposition de l'autorité militaire. (*Solution donnée le* 24 *juin* 1822.)

82   Les jeunes gens qui, d'après une enquête, seront reconnus *s'être mutilés volontairement pour se mettre hors d'état de servir, seront notés comme tels sur la liste du contingent, et envoyés dans une compagnie de pionniers, par les soins de l'autorité militaire.* (*Circulaire du* 12 *octobre* 1820.)

CHAPITRE III.

EXEMPTION COMME AÎNÉ D'ORPHELINS DE PÈRE ET
DE MÈRE.

83 LORSQU'UNE famille d'orphelins d'un même père
se trouvera composée d'enfans de mères différentes,
l'aîné du premier lit peut seul être exempté comme chef
de famille. (*Art. 75 de l'Instruction du 21 octobre 1818.*)

84 La loi ayant attaché l'exemption à la qualité *d'aîné
d'orphelins de père et de mère*, on ne peut refuser cette
faveur à un jeune homme, par le motif que son aïeul
existe encore. (*Solution donnée le 9 juin 1820.*)

85 Celui qui réclame l'exemption comme aîné d'orphelins ne peut en être privé par le motif qu'il a des sœurs
plus âgées que lui. (*Art. 76 de l'Instruction du 21 octobre 1818.*)

86 L'orphelin de père et de mère qui, ayant des sœurs
plus âgées que lui, n'a ni frère ni sœur au-dessous de
son âge, n'a pas droit à l'exemption. (*Circulaire du 11
juin 1819.*)

87 On ne doit également pas exempter l'orphelin qui
est enfant unique. (*Circulaire du 11 juin 1819.*)

88 On ne doit pas considérer comme aîné d'orphelins,
celui dont les frères du côté paternel ont encore leur
mère. (*Solution donnée le 7 juin 1819.*)

89 L'aîné d'orphelins doit être exempté, quand même il
n'aurait qu'un frère ou une sœur moins âgé que lui.
(*Solution donnée le 25 septembre 1818.*)

L'orphelin qui aurait un frère aîné infirme ou in-

90 terdit pour cause de démence, ne peut, en considération de cette infirmité, être admis à jouir de l'exemption. (*Solution donnée le 4 janvier 1819.*)

91 L'aîné d'enfans dont la mère est décédée et dont le père est mort civilement par suite d'une condamnation à une peine infamante, ne peut être exempté comme aîné d'orphelins. (*Solution donnée le 7 janvier 1819.*)

MODÈLE COTÉ A.

92 *Certificat à délivrer par le Maire à ceux qui réclament l'exemption comme aînés d'orphelins de père et de mère.*

Nous soussigné (*nom du Maire*), Maire de la (*nom de la ville ou commune*), sur l'attestation des sieurs (*noms et prénoms des trois témoins*) habitans de ce (*canton, ou ville, ou commune*), pères de jeunes gens en activité de service ou désignés par le sort pour concourir à la formation du contingent de leur classe, certifions, sous notre responsabilité personnelle, et après nous être assuré de l'exactitude de l'attestation qui nous a été faite, que le nommé (*nom et prénoms du réclamant*), né le (*date de sa naissance*), fils de feu (*prénoms du père du réclamant*) et de feue (*nom et prénoms de la mère du réclamant*), inscrit sur la liste du tirage sous le n.º , et désigné pour concourir à la formation du contingent de sa classe, comme ayant eu au tirage le n.º (*énoncer le numéro du tirage*), est l'aîné de (*dire le nombre de frères et de sœurs*) enfans du même père que lui, et, comme lui, orphelins de père et de mère, savoir : (*indiquer les noms et prénoms des frères et sœurs*); qu'il n'a point de frère plus âgé que lui; et que, pour ces motifs, il a droit à l'exemption accordée par les dispositions de l'art. 14 de la loi du 10 mars 1818.

Fait à (*nom de la commune ou ville où le Certificat a été délivré*) le (*date du jour où le Certificat a été délivré.*)

(*Signature des trois témoins, ou* (*Signatures du Maire.*) *déclaration qu'ils ne savent signer.*)

Vu et vérifié par nous Sous-Préfet de l'arrondissement de

CHAPITRE IV.

EXEMPTION COMME FILS UNIQUE OU AÎNÉ DES FILS D'UNE FEMME ACTUELLEMENT VEUVE ; A DÉFAUT DE FILS, COMME PETIT-FILS UNIQUE OU AÎNÉ DES PETIT-FILS.

93   L'EXEMPTION est due au fils unique ou l'aîné des fils, et à défaut de fils, au petit-fils unique ou l'aîné des petit-fils *d'une femme actuellement veuve*, ou d'un père aveugle, ou d'un vieillard *qui est dans sa soixante-dixième année* (*Circulaire du 11 juin 1819*), quand même le réclamant aurait une ou plusieurs sœurs existantes. (*Art. 76 de l'Instruction du 21 octobre 1818.*)

94   L'exemption n'est pas due au fils ou petit-fils de veuve, ou d'un homme aveugle ou d'un vieillard septuagénaire qui n'a point d'enfans, mais qui a un gendre père de celui qui réclamerait, attendu que le gendre, père du jeune homme, est plutôt que lui le soutien de l'aïeul. (*Lettre de M.gr le Garde des Sceaux, du 29 novembre 1818.*)

95   Mais l'exemption doit être accordée au petit-fils d'une femme veuve, ou d'un père aveugle, ou d'un homme âgé de soixante-dix ans, qui n'a pas de fils, mais qui

a une fille mariée et dont l'époux n'est pas le père du réclamant. (*Lettre du même*, *du* 7 *décembre* 1819.)

96   Si les enfans de deux ou plusieurs mariages ont pour mère commune une femme devenue veuve, ils seront considérés comme ne formant qu'une seule et même famille, toutes les fois que l'un d'eux réclamera l'exemption comme fils aîné de veuve. (*Art.* 77 *de l'Instruction du* 21 *octobre* 1818.)

97   Si les enfans d'un même père décédé sont nés de mères différentes, ils seront considérés comme de familles différentes, quand le fils unique où l'aîné des enfans du dernier lit réclamera l'exemption. (*Solutions données les* 27 *juin et* 18 *septembre* 1820.)

98   Le fils unique ou l'aîné des fils d'une femme veuve d'un premier mari, qui est remariée et divorcée, n'a pas droit à l'exemption. (*Circulaire du* 11 *juin* 1819.)

99   Le fils d'une femme divorcée ne peut être considéré comme fils de veuve, quand même le mari serait remarié. (*Solution donnée le* 21 *juillet* 1820.)

100   Les femmes de militaires disparus aux armées ne peuvent être considérées comme veuves, à moins qu'elles ne justifient de la perte de leurs maris, suivant les règles établies par le Code civil. (*Solution donnée le* 20 *août* 1819.)

101   On ne considère pas non plus comme veuve, la femme dont le mari ayant été condamné aux travaux forcés à perpétuité, a encouru la mort civile. (*Circulaire du* 11 *juin* 1819.)

102   L'exemption n'est pas due au fils puiné d'une veuve, lors même que l'aîné serait infirme. (*Solution donnée le* 2 *février* 1819.)

MODÈLE COTÉ B.

103

Certificat à délivrer par le Maire pour établir les droits d'un jeune homme désigné qui réclame l'exemption comme fils unique ou comme l'aîné des fils d'une femme actuellement veuve.

Nous soussigné (*nom du Maire*), Maire de la (*nom de la ville ou commune*), sur l'attestation des sieurs (*noms et prénoms des trois témoins*), habitans de ce (*canton, ou ville, ou commune*), pères de jeunes gens en activité de service ou désignés par le sort pour concourir à la formation du contingent de leur classe, certifions, sous notre responsabilité personnelle, et après nous être assuré de l'exactitude de l'attestation qui nous a été faite, que le nommé (*nom et prénoms du réclamant*), né le (*date de sa naissance*), fils de feu (*prénoms du père du réclamant*), inscrit sur la liste du tirage sous le n.º   , et désigné pour concourir à la formation du contingent de sa classe, est le (*indiquer s'il est le fils unique ou le fils aîné*) de dame (*nom de famille et prénoms de la mère*), veuve dudit (*prénoms du père du réclamant*), père du réclamant; que ladite dame (*nom de famille et prénoms de la mère*) est actuellement veuve; et qu'en conséquence, ledit (*nom et prénoms du réclamant*) a droit à l'exemption, d'après l'art. 14 de la loi du 10 mars 1818.

Fait à (*nom de la commune ou ville où le Certificat a été délivré*), le (*date du jour où le Certificat a été délivré.*)

(*Signatures des trois témoins, ou*   (*Signature du Maire.*)
déclaration qu'ils ne savent signer.)

Vu et vérifié par nous Sous-Préfet de l'arrondissement de

104   MODÈLE COTÉ C.

Certificat à délivrer par le Maire pour établir les droits d'un jeune homme désigné qui réclame l'exemption comme étant le petit-fils unique ou l'aîné des petit-fils d'une femme actuellement veuve.

Nous soussigné (*nom du Maire*), Maire de la (*nom de la commune ou ville*), sur l'attestation des sieurs (*noms, prénoms et qualités des trois témoins*), tous les trois habitans de ce (*commune, ou ville, ou canton*), et pères de jeunes gens en activité ou désignés pour concourir à la formation du contingent de leur classe, certifions, sous notre responsabilité, et après nous être assuré de l'exactitude de l'attestation qui nous a été faite, que le nommé (*nom et prénoms du réclamant*), né le (*date de sa naissance*), inscrit sur la liste du tirage sous le n.º   , désigné pour concourir à la formation du contingent de sa classe, est (*dire s'il est le petit-fils unique ou l'aîné des petit-fils*) de dame (*prénoms et nom de famille de la veuve*), veuve de feu (*nom et prénoms du grand-père du réclamant*), grand-père du réclamant, laquelle n'a point de fils vivant, et est actuellement veuve ; et que, pour ce motif, il a droit à l'exemption, conformément aux dispositions de l'article 14 de la loi du 10 mars 1818.

Fait à (*nom de la commune ou ville où le Certificat a été délivré*), le (*date du jour où le Certificat a été délivré.*)

   (*Signatures des trois témoins, ou déclaration qu'ils ne savent signer.*)   (*Signature du Maire.*)

Vu et vérifié par nous Sous-Préfet de l'arrondissement de

105   MODÈLE COTÉ D.

*Certificat à délivrer par le Maire pour établir les droits
d'un jeune homme désigné qui réclame l'exemption
comme étant le fils unique ou l'aîné des fils d'un
père aveugle.*

Nous soussigné (*nom du Maire*), Maire de la (*nom
de la commune ou ville*), sur l'attestation des sieurs
(*noms, prénoms et qualités des trois témoins*), habitans
de ce (*commune, ou ville, ou canton*), pères de jeunes
gens en activité de service ou désignés par le sort pour
concourir à la formation du contingent de leur classe,
certifions, sous notre responsabilité personnelle, et
après nous être assuré de l'exactitude de l'attestation qui
nous a été faite, que le nommé (*nom et prénoms du
réclamant*), né le (*date de sa naissance*), inscrit sur
la liste du tirage sous le n.º   , désigné pour concourir à la formation du contingent de sa classe, est
(*dire s'il est le fils unique ou l'aîné des fils*) du sieur
(*nom et prénoms du père*), notoirement aveugle ; et
que, pour ce motif, il a droit à l'exemption, d'après les
dispositions de l'art. 14 de la loi du 10 mars 1818.

Fait à (*nom de la commune ou ville où le Certificat
a été délivré*) le (*date du jour où le Certificat a été
délivré.*)

(*Signatures des trois témoins, ou*   (*Signature du Maire.*)
déclaration qu'ils ne savent signer.)

Vu et vérifié par nous Sous-Préfet de l'arrondissement de

MODÈLE COTÉ E.

106

Certificat à délivrer par le Maire pour établir les droits d'un jeune homme désigné qui réclame l'exemption comme étant le petit-fils unique ou l'aîné des petit-fils d'un père aveugle.

Nous soussigné (*nom du Maire*), Maire de la (*nom de la commune ou ville*), sur l'attestation des sieurs (*noms, prénoms et qualités des trois témoins*), habitans de ce (*commune, ou ville, ou canton*), pères de jeunes gens en activité de service ou désignés par le sort pour concourir à la formation du contingent de leur classe, certifions, sous notre responsabilité personnelle, et après nous être assuré de l'exactitude de l'attestation qui nous a été faite, que le nommé (*nom et prénoms du réclamant*), né le (*date de sa naissance*), inscrit sur la liste du tirage sous le n.°   , désigné pour concourir à la formation du contingent de sa classe, est (*dire s'il est le petit-fils unique ou l'aîné des petit-fils*) du sieur (*nom et prénoms du grand-père*), lequel est notoirement aveugle et n'a point de fils vivant ; et que, pour ce motif, ledit (*nom et prénoms du réclamant*) a droit à l'exemption, conformément aux dispositions de l'art. 14 de la loi du 10 mars 1818.

Fait à (*nom de la commune ou ville où le Certificat a été délivré*) le (*date du jour où le Certificat a été délivré.*)

    (*Signatures des trois témoins, ou*   (*Signature du Maire.*)
    déclaration qu'ils ne savent signer.)

Vu et vérifié par nous Sous-Préfet de l'arrondissement de

107

MODÈLE COTÉ F.

Certificat à délivrer par le Maire pour établir les droits d'un jeune homme désigné qui réclame l'exemption comme' étant le fils unique ou l'aîné des fils d'un vieillard septuagénaire.

Nous soussigné (*nom du Maire*), Maire de la (*nom de la commune ou ville*), sur l'attestation des sieurs (*noms, prénoms et qualités des trois témoins*), habitans de ce (*commune, ou ville, ou canton*), pères de jeunes gens en activité de service ou désignés par le sort pour concourir à la formation du contingent de leur classe , certifions, sous notre responsabilité personnelle, et après nous être assuré de l'exactitude de l'attestation qui nous a été faite, que le nommé (*nom et prénoms du réclamant*), né le (*date de sa naissance*), inscrit sur la liste du tirage sous le n.º , désigné pour concourir à la formation du contingent de sa classe, est (*dire s'il est le fils unique ou l'aîné des fils*) de (*nom et prénoms du père*) lequel est âgé de soixante-dix ans, étant né le (*indication précise de l'âge du père*); et que, pour ce motif, ledit (*nom et prénoms du réclamant*) a droit à l'exemption, conformément aux dispositions de l'article 14 de la loi du 10 mars 1818.

Fait à (*nom de la commune ou ville où le Certificat a été délivré*) le (*date du jour où le Certificat a été délivré.*)

(*Signatures des trois témoins, ou*   (*Signature du Maire.*) *déclaration qu'ils ne savent signer.*)

Vu et vérifié par nous Sous-Préfet de l'arrondissement de

108 MODÈLE COTÉ G.

Certificat à délivrer par le Maire pour établir les droits d'un jeune homme désigné qui réclame l'exemption comme étant le petit-fils unique ou l'aîné des petit-fils d'un vieillard septuagénaire.

Nous soussigné (*nom du Maire*), Maire de la (*nom de la commune ou ville*), sur l'attestation des sieurs (*noms, prénoms et qualités des trois témoins*), habitans de ce (*commune, ou ville, ou canton*), pères de jeunes gens en activité de service ou désignés par le sort pour concourir à la formation du contingent de leur classe, certifions, sous notre responsabilité personnelle, et après nous être assuré de l'exactitude de l'attestation qui nous a été faite, que le nommé (*nom et prénoms du réclamant*), né le (*date de sa naissance*), inscrit sur la liste du tirage sous le n.º   , désigné pour concourir à la formation du contingent de sa classe, est (*dire s'il est le petit-fils unique ou l'aîné des petit-fils*) du sieur (*nom et prénoms du grand-père*), lequel est âgé de soixante-dix ans, étant né le (*date de la naissance du grand-père*), et n'a point de fils vivant ; et que, par ce motif, ledit (*nom et prénoms du réclamant*) a droit à l'exemption, conformément aux dispositions de l'art. 14 de la loi du 10 mars 1818.

Fait à (*nom de la commune ou ville où le Certificat a été délivré*) le (*date du jour où le Certificat a été délivré.*)

(*Signatures des trois témoins, ou*   (*Signature du Maire.*)
déclaration qu'ils ne savent signer.)

Vu et vérifié par nous Sous-Préfet de l'arrondissement de

CHAPITRE V.

EXEMPTION COMME AINÉ DE DEUX FRÈRES DÉSIGNÉS TOUS DEUX PAR LE SORT DANS UN MÊME TIRAGE.

109 L'AINÉ de deux frères concourant au même tirage, n'a pas droit à l'exemption dans les cas spécifiés ci-après :

1.º Si le numéro de tirage de son frère puiné n'est point atteint par les désignations faites pour la formation du contingent.

2.º Si ce frère puiné étant appelé pour la formation du contingent, est exempté lui-même pour un motif quelconque, ou s'il se trouve dans un des cas d'exclusion prévus par l'article 2 de la loi. (*Voyez pour le cas d'exclusion le N.º 7 du présent Recueil.*)

3.º Si ce même frère, ayant été compris dans la liste du contingent, y est inscrit comme dispensé pour un des motifs qui, d'après l'article 85 de l'Instruction sur les appels, lui garantit qu'il ne pourra plus être repris pour le service militaire : c'est-à-dire si c'est en qualité d'ecclésiastique promu aux ordres sacrés, ou comme ayant obtenu un des grands prix décernés par l'Institut royal, ou le grand prix d'honneur décerné par l'Université. (*Solution donnée le 5 février* 1819.)

110 Lorsque les deux frères concourant au même tirage sont jumeaux, et lorsque les actes de naissance établissent un rapport d'antériorité, l'exemption est acquise à celui qui a vu le jour le premier. Si, au contraire, les actes de naissance n'établissent pas ce rapport d'antériorité, il y a lieu d'exempter celui qui, ayant le nu-

3

néro le plus élevé, est fondé à se prévaloir de l'appel déjà fait du numéro de son frère. (*Circulaire du 11 juin 1819.*)

111   Si l'un des deux frères désignés par le sort, se fait remplacer, l'autre frère n'a pas droit à l'exemption. (*Circulaire du 11 juin 1819.*) Cependant si l'exemption avait été prononcée avant que le remplacement eût été admis, elle ne doit plus être retirée. (*Circulaire du 11 juin 1819.*)

112   Il est à remarquer que, dans ce dernier cas, cette exemption n'invaliderait aucunement les droits que le remplaçant pourrait faire valoir dans la suite en sa faveur pour l'application de l'article 14 de la loi. (*Circulaire du 11 juin 1819.*)

MODÈLE COTÉ H.

113 *Certificat à délivrer par le Maire au jeune homme qui réclame l'exemption comme étant l'aîné de deux frères désignés tous les deux par le sort dans un même tirage.*

Nous soussigné (*nom du Maire*), Maire de la (*nom de la commune ou ville*), sur l'attestation des sieurs (*noms, prénoms et qualités des trois témoins*), habitans de ce (*commune*, ou *ville*, ou *canton*), pères de jeunes gens en activité de service ou désignés par le sort pour concourir à la formation du contingent de leur classe, certifions, sous notre responsabilité personnelle, et après nous être assuré de l'exactitude de l'attestation qui nous a été faite, que le nommé (*nom et prénoms du réclamant*), né le (*date de sa naissance*), inscrit sur la liste du tirage sous le n.°   , désigné par le sort pour concourir à la formation du contingent de sa classe, est le frère aîné de (*nom et prénoms du frère du réclamant*), né le (*date de la naissance du frère du réclamant*), aussi désigné par le sort dans le même tirage; et que, pour ce motif, ledit (*nom et prénoms du réclamant*) a droit à l'exemption, d'après les dispositions de l'art. 14 de la loi du 10 mars 1818.

Fait à (*nom de la commune ou ville où le Certificat a été délivré*) le (*date du jour où le Certificat a été délivré*).

(*Signatures des trois témoins, ou déclaration qu'ils ne savent signer.*)   (*Signature du Maire.*)

Vu et vérifié par nous Sous-Préfet de l'arrondissement de

CHAPITRE VI.

EXEMPTION COMME FRÈRE D'UN MILITAIRE SOUS LES DRAPEAUX, OU MORT EN ACTIVITÉ DE SERVICE, OU RÉFORMÉ POUR BLESSURES REÇUES OU INFIRMITÉS CONTRACTÉES A L'ARMÉE.

114 *TABLEAU approuvé par le Roi , des militaires de tout grade et de tout rang dont les frères doivent jouir de l'exemption prononcée par l'article 14 de la loi.*

OFFICIERS.

1.° Les officiers-généraux ou supérieurs et autres, faisant partie de l'état-major général de l'armée; officiers brevetés de la maison militaire du Roi et de Monsieur ; officiers du corps spécial et royal d'état-major; ceux des états-majors des places; les ingénieurs-géographes. (*Décis. du 7 juillet 1821.*) Actuellement pourvus de lettres de service et en activité.

3.

2.° Officiers supérieurs et autres de tout grade, faisant partie des corps de toutes armes, de la garde royale et de la ligne, y compris la gendarmerie, les compagnies sédentaires, les régimens d'artillerie et d'infanterie de marine (*Circulaire du 21 novembre 1821*); les compagnies de discipline, le bataillon de sapeurs-pompiers (*Solution donnée le 9 mai 1822*); et les gardes nationales à la disposition du Ministre de la guerre. } En activité dans les régimens, bataillons, escadrons ou compagnies de toutes armes.

3.° Les officiers de marine (*Circulaire du 21 novembre 1821*), et les élèves des écoles militaires, quand ils sont porteurs de brevets d'officiers.

4.° Les officiers de tout grade réformés pour blessures ou infirmités, bien que ces militaires jouissent d'une pension de retraite.

SOUS-OFFICIERS ET SOLDATS.

1.° Les sous-officiers, caporaux ou brigadiers, tambours, trompettes et musiciens servant comme appelés ou comme engagés volontaires; soldats, sous quelque dénomination que ce soit (remplaçans ou autres), y compris les sapeurs-pompiers (*Solution donnée le 9 mai 1822*); ceux des régimens ou bataillons d'artillerie et d'infanterie de marine (*Circulaire du 21 novembre 1821*); et les gardes nationales à la disposition du Ministre de la guerre. } En activité dans les régimens, bataillons, escadrons ou compagnies de toutes armes.

2.º Les sous-officiers et soldats admis à la retraite ou à l'Hôtel des Invalides. (*Solution donnée le 16 décembre 1818.*)

3.º Les militaires disparus aux armées et desquels on a cessé de recevoir des nouvelles, si toutefois le réclamant produit un certificat du corps auquel appartenait son frère, constatant le fait de la disparution. (*Circulaire du 15 octobre 1818.*)

4.º Les militaires détenus, s'ils ne sont pas condamnés à une peine infamante. (*Solution donnée le 5 décembre 1818.*)

5.º Les militaires morts dans les dépôts de réfractaires, bataillons coloniaux et tout autre corps de punition. (*Circulaire du 11 juin 1819.*)

6.º Les simples marins, quand ils sont morts à bord des bâtiments de l'état, ou ont été réformés pour cause de blessures reçues ou infirmités contractées au service. (*Circulaire du 21 novembre 1821.*)

7.º Les jeunes soldats immatriculés comme faisant partie d'un contingent, lors même qu'ils n'auraient pas encore été mis en activité. (*Art. 79 de l'Instruction du 21 octobre 1818.*)

8.º Les jeunes soldats qui, ayant été appelés à l'activité, ont été reconnus impropres au service et renvoyés provisoirement dans leurs foyers, tant qu'ils n'auront pas reçu de congés de renvoi. (*Solution donnée le 11 mars 1821.*)

9.º Les jeunes soldats mis en route, soit comme engagés volontaires, soit comme appelés (remplaçans, substituans ou autres), morts avant d'arriver au corps sur lequel ils étaient dirigés.) *Solution donnée le 24 août 1821.*)

10.° Les déserteurs dont l'état de désertion a cessé, soit parce que le militaire ayant été arrêté n'a pas été mis en jugement, soit parce qu'ayant été livré aux tribunaux militaires, il a été acquitté ; mais dans ce cas celui qui réclame l'exemption doit fournir la preuve que l'état de désertion a cessé par une des causes ci-dessus. (*Circulaires des 11 juin 1819 et 30 mai 1820.*)

115   Si un jeune homme non encore appelé a été admis comme remplaçant de son frère, conformément aux dispositions de l'article 797 du Manuel, c'est-à-dire avant qu'il ait satisfait lui-même à la loi, le Conseil doit, dans le cas de la désignation ultérieure de son numéro de tirage, le noter comme exempté et le remplacer dans le contingent. (*Circulaire du 11 juin 1819.*)

116   S'il existe un troisième frère dans la famille, ce dernier ne sera fondé à réclamer l'exemption qu'autant qu'ayant obtenu au tirage un numéro assez élevé pour le remplaçant sous les drapeaux, la famille n'aurait pas réclamé la faveur de l'exemption en raison de l'appel du frère aîné. (*Circulaire du 11 juin 1819.*)

117   Si un ou plusieurs frères sont en activité ou réputés y être aux termes des instructions, l'exemption doit être accordée à autant d'autres frères de la même famille. (*Solution donnée le 2 novembre 1818.*) Et la même règle doit être suivie lorsque les frères sont morts en activité ou réformés pour blessures ou infirmités contractées au service, soit antérieurement soit postérieu-

rement à la loi du 10 mars 1818. (*Solution donnée le 17 juin 1820.*)

118   Les Conseils de révision ne doivent faire entrer dans la déduction des exemptions accordées dans une même famille, que celles qui l'ont été en vertu de l'article 14 de la loi du 10 mars. (*Circulaire du 6 novembre 1818.*) Cette déduction même n'a pas lieu, si l'exemption a été accordée pour cause d'infirmités. (*Circulaire du 11 juin 1819.*)

119   La déduction n'a pas lieu non plus, pour les hommes *placés dans le temps à la fin du dépôt, sous l'empire de l'ancienne loi sur la conscription,* ou ceux libérés du service militaire ou amnistiés en vertu des lois et règlemens antérieurs à la loi actuelle. (*Circulaires des 11 et 22 juin 1819.*)

120   Il en est de même pour les jeunes gens dispensés en vertu de l'article 15 de la loi, ou ceux exemptés soit comme mariés en vertu de l'article 7, soit comme anciens militaires en vertu des articles 23 et 24, et enfin ceux non atteints par les désignations et libérés pour ce motif définitivement en vertu de l'article 17 de ladite loi. (*Circulaire du 11 juin 1819.*)

121   La demande d'exemption que formerait un jeune homme dont le frère aurait été exempté et serait mort ensuite, doit être accueillie, lors même qu'elle serait fondée sur le même motif qui aurait donné lieu à l'exemption du frère décédé, attendu qu'on ne peut opposer à une semblable demande que l'exemption accordée à un frère vivant. (*Circulaire du 11 juin 1819.*)

122   Un jeune homme qui réclame l'exemption comme ayant un frère appelé à l'activité ou enrôlé volontaire,

n'est pas tenu de prouver que ce frère n'est point en
état de désertion ; mais si des documens transmis offi-
ciellement au Préfet établissent l'état de désertion, c'est
au réclamant à fournir la preuve que cet état de désertion a cessé. (*Solutions données les 16 et 23 juillet 1819.*)

123　　Un congé de réforme pour cause de blessures ou infirmités, ou toute autre pièce authentique constatant
cette réforme, est un titre suffisant pour que l'exemption soit accordée au frère du réformé ; et, il n'est pas
nécessaire que la pièce exprime que la blessure a été
reçue sur le champ de bataille, ou que l'infirmité pro-
vient du fait même du service militaire. (*Circulaire du
11 juin 1819.*)

124　　Comme en résultat, les Conseils de révision sont
juges de l'authenticité des documens, c'est à eux qu'il est
réservé d'examiner si ceux qu'on produit sont suffisans ;
et les explications ci-dessus ont pour objet de mettre
les Sous-Préfets et les Maires à portée de fournir aux
jeunes gens toutes les indications nécessaires sur les
pièces dont ceux-ci doivent se munir. (*Circulaire du
15 octobre 1818.*)

MODÈLE COTÉ J.

125　*Certificat à délivrer par le Maire pour établir les droits
d'un jeune homme qui réclame l'exemption comme
ayant un frère sous les drapeaux, ou mort en activité de service, ou réformé pour blessures ou infirmités contractées à l'armée.*

Nous soussigné (*nom du Maire*), Maire de la (*nom
de la ville, ou commune, ou canton*), sur l'attestation

des sieurs (*noms, prénoms et qualités des trois témoins*), habitans de ce (*commune*, ou *ville*, ou *canton*), pères de jeunes gens en activité de service ou désignés par le sort pour concourir à la formation du contingent de leur classe, certifions, sous notre responsabilité personnelle, que le nommé (*nom et prénoms du réclamant*), né le (*date de sa naissance*), inscrit sur la liste du tirage sous le n.º   , et désigné pour concourir à la formation du contingent de sa classe, est frère de celui sur lequel il fonde sa demande, et qu'il résulte de l'état ci-dessous qu'il n'a aucun autre frère vivant qui ait été exempté pour d'autres motifs que pour infirmités ; ou dont l'exemption doive lui faire perdre le bénéfice de l'art. 14 de la loi du 10 mars 1818.

FRÈRES DU RÉCLAMANT.

PRÉNOMS.	ANNÉE de LA NAISSANCE.	POSITION SOUS LE RAPPORT du recrutement de l'armée.	OBSERVATIONS.
			Indiquer à cette colonne, pour chaque frère prénommé dans l'état, si ce frère a été porté sur une liste de tirage en vertu de la loi du 10 mars 1818; et, dans l'affirmative, s'il a été exempté et pour quel motif ; s'il a été dispensé, si son numéro a été compris dans la libération, etc. etc.

Fait à (*nom de la commune ou ville où le Certificat a été délivré*) le (*date du jour où le Certificat a été délivré.*)

(*Signatures des trois témoins, ou déclaration qu'ils ne savent signer.*)   (*Signature du Maire.*)

Vu et vérifié par nous Sous-Préfet de l'arrondissement de

126   Si le réclamant fonde sa demande sur les services d'un frère qui a été incorporé, il devra produire au Conseil de révision avec le certificat du Maire côté J, un autre certificat du Conseil d'administration du corps dans lequel son frère a été incorporé, ou toute autre pièce authentique faisant connaître que ce dernier sert dans ledit corps; *ou bien*, qu'il est mort en activité de service; *ou bien*, s'il a été réformé pour blessures ou infirmités, il produira le congé de réforme.

127   Si le frère du réclamant a été immatriculé comme jeune soldat, et n'est pas encore incorporé, il produira un certificat du capitaine commandant le dépôt de recrutement du département, constatant son inscription aux registres matricules, et portant qu'il n'a pas été mis en activité.

128   Les jeunes gens qui seront dans le cas de réclamer l'exemption comme ayant un frère en activité de service, devront, dès que le tirage aura été fait, si leurs numéros les rendent susceptibles d'être appelés, faire la demande du Certificat exigé d'après l'article 126 ci-dessus, aux Conseils d'administration des corps dans lesquels se trouvent leurs frères. Ces demandes peuvent être faites dans la forme ci-après.

Formule de demande d'un Certificat de présence au Corps.

A Méssieurs les Membres du Conseil d'administration du   me régiment (ou *bataillon*) d'infanterie *ou* cavalerie (*indiquer l'arme enfin*).

Messieurs,

Désirant profiter du bénéfice que m'accorde l'art. 14 de la loi du 10 mars 1818 , je vous prie d'avoir la bonté de me faire parvenir, le plus promptement possible, à l'adresse ci-dessous, un Certificat constatant la présence sous les drapeaux de mon frère, nommé (*mettre ici les nom et prénoms, grade et n.° de la compagnie du frère de celui qui réclame*).

J'ai l'honneur d'être, Messieurs,

Votre très-humble et très-obéissant serviteur,

(*Signature du réclamant.*)

A.   le   182

Adresse du réclamant.
A Monsieur
(*Mettre ici le nom de famille et les prénoms du réclamant.*)
Propriétaire *ou* Cultivateur,
à
département d

NOTA. *Les lettres taxées sont refusées par les Conseils d'administration ; en conséquence , il est indispensable de les affranchir.*

129 Dans le cas où le frère du réclamant serait mort en activité de service et que l'acte de décès ne serait pas encore parvenu à la famille, il faudrait en faire la demande au Ministre de la guerre dans la forme ci-des-

sóus, en ayant soin d'indiquer le corps, et, *s'il est possible, le numéro de la compagnie* dans lesquels servait le militaire décédé.

MINISTÈRE
DE LA GUERRE.
———
BUREAU
DE L'ÉTAT CIVIL
ET MILITAIRE
DE L'ARMÉE.

A son Excellence le Ministre secrétaire d'état au département de la guerre.

Monseigneur,

J'ai l'honneur de prier Votre Excellence d'avoir la bonté de me faire parvenir le plus tôt possible, à l'adresse ci-dessous, un extrait de l'acte constatant le décès de mon frère, nommé (*mettre ici les nom et prénoms du militaire mort*), qui servait en qualité de (*indiquer ici s'il était simple soldat, ou son grade s'il en avait un*) dans la ᵐᵉ compagnie du ᵐᵉ bataillon ou escadron du ᵐᵉ régiment, dans lequel il a été incorporé le (*indiquer le jour, ou le mois, ou tout au moins l'année dans laquelle le militaire décédé est entré au corps*).

Cette pièce m'étant indispensable pour jouir du bénéfice de l'exemption prononcée par l'art. 14 de la loi du 10 mars 1818, j'ose espérer de la bienveillante sollicitude de Votre Excellence, qu'elle daignera prendre l'objet de ma juste demande en considération.

Je suis très-respectueusement,

de Votre Excellence,

Monseigneur,

Le très-humble et très-obéissant serviteur,

A   le   182 (*Signature du réclamant.*)

Adresse du réclamant.

NOTA. *Les lettres pour les Ministres doivent être mises sous enveloppes. Il est inutile de les affranchir.*

.130 *TABLEAU des militaires et employés de tout grade et tout rang dont les frères* N'ONT PAS DROIT A L'EXEMP-TION *prononcée par l'art.* 14 *de la loi du* 10 *mars* 1818.

1.° Les officiers-généraux, supérieurs et autres, de tout grade et de tout rang, qui sont en activité avec ou sans traitement, même ceux qui sont disponibles, *ou font partie du cadre d'organisation de l'état-major, sans lettres de service.*

2.° Les aumôniers et les officiers de santé, commissionnés pour être employés dans les corps, dans les hôpitaux ou autres établissemens militaires. *L'exemption n'est pas due au frère d'un officier de santé, lors même que ce dernier aurait été tiré d'un corps, ou aurait été jeune soldat avant son admission au service de santé.*

3.° Les inspecteurs (non militaires) et les contrôleurs des fonderies, forges, manufactures d'armes et des poudres et salpêtres, non plus que les maîtres-ouvriers attachés à ces établissemens, et les ouvriers des poudres et salpêtres.

4.° Les employés attachés aux écoles qui sont dans les attributions du Ministre de la guerre, ainsi que les élèves de ces mêmes écoles non brevetés officiers.

5.° Les employés des hôpitaux et tous autres attachés aux divers services de l'armée. Les préposés des douanes.

6.° Les secrétaires écrivains de place et les portiers-consignes.

7.° Les artistes vétérinaires commissionnés et employés dans les établissemens militaires ou à la suite des corps. (*Solutions données les* 16 *août* 1818 *et* 18 *février* 1820.)

8.º Les maîtres-ouvriers des corps et les musiciens-gagistes, qui n'ont été incorporés ni comme engagés volontaires ni comme appelés. Les enfans de troupe.

9.º Les militaires en état de désertion ou morts en état de désertion.

10.º Les militaires condamnés à mort et exécutés ; ceux détenus et condamnés aux travaux publics ou au boulet pour fait de désertion, ou condamnés à une peine infamante pour tout autre crime. (*Solution donnée le* 5 *décembre* 1818, *et Circulaire du* 15 *octobre* 1818.)

11.º Les militaires libérés du service actif et susceptibles d'être inscrits au contrôle des vétérans. (*Solution donnée le* 26 *septembre* 1818.)

12.º Les militaires réformés pour cause de blessures ou d'infirmités contractées avant leur incorporation, y compris les jeunes soldats non incorporés, et renvoyés dans leurs foyers avec des congés de renvoi délivrés par les inspecteurs-généraux. (*Circulaire du* 11 *juin* 1819.)

13.º Les jeunes soldats porteurs de sursis illimités de départ accordés sur la demande des Conseils de révision, comme uniques et indispensables soutiens de leurs familles. (*Décision du* 23 *juin* 1820.)

14.º Les militaires ou jeunes gens qui se sont fait remplacer.

CHAPITRE VII.

EXEMPTION AUX JEUNES GENS MARIÉS AVANT LA PUBLICATION DE LA LOI.

131   Les jeunes gens mariés des classes de 1818 et suivantes, doivent, de même que ceux des classes de 1816
et 1817, être exemptés, si leur mariage est antérieur à
la publication de la loi. (*Circulaire du 11 juin* 1819.)

132   Ont également droit à l'exemption, les jeunes gens
qui se sont mariés le jour même où la loi du 10 mars
a commencé de devenir exécutoire dans le département
où le mariage a été célébré. (*Circulaire du 15 octobre* 1818.) Voyez, pour les délais dans lesquels les lois
sont exécutoires , l'arrêté du gouvernement du 13
juillet 1803 (25 thermidor an XI), et les ordonnances
royales des 27 novembre 1816 et 18 janvier 1817.

133   Les jeunes gens mariés en temps utile, qui se trouvent veufs sans enfans, ont également droit à l'exemption.

CHAPITRE VIII.

EXEMPTION AUX ANCIENS MILITAIRES.

134   Sera exempté comme ancien militaire , d'après l'article 24 de la loi :

1.° Tout homme qui, ayant servi dans l'ancienne
armée, n'a pas été réincorporé dans la nouvelle en 1815,
quelque peu considérable qu'ait été la durée de ses services, et quel que soit d'ailleurs le motif pour lequel
il est revenu dans ses foyers. (*Solutions données les
24 mars et 14 avril* 1819.)

2.° Les hommes qui , rentrés déjà au jour de la publication de la loi, avaient été réincorporés en 1815 dans la nouvelle armée, s'ils produisent un congé ou tout autre titre authentique, *autre qu'un congé de grâce*, prouvant qu'il a quitté légalement ses drapeaux. (*Solutions données les 16 juillet 1819 et 18 septembre 1820.*)

3.° Les enrôlés volontaires qui se sont fait remplacer au corps et dont les remplaçans sont morts sous les drapeaux ou ne font plus partie de l'armée. (*Circulaire du 21 octobre 1818.*)

4.° Les officiers réformés, de même que les officiers mis à la retraite, qui, par leur âge, se trouveraient faire partie de la classe appelée. (*Circulaire du 21 octobre 1818.*)

5.° Les gardes-du-corps qui ont cessé de faire partie de leurs compagnies, et qui justifient d'un congé ou d'un certificat constatant qu'ils ne sont pas démissionnaires. (*Circulaire du 21 octobre 1818.*)

6.° Les jeunes gens de la classe appelée qui ont servi dans des régimens de gardes-d'honneur. (*Circulaire du 6 novembre 1818.*)

7.° Enfin, les anciens élèves des écoles militaires brevetés officiers, si toutefois ils n'ont pas quitté ensuite l'école par un acte de leur volonté. (*Solution donnée le 2 décembre 1818.*)

135   N'ONT PAS DROIT A L'EXEMPTION COMME ANCIENS MILITAIRES :

1.° Les hommes qui ont été renvoyés dans leurs foyers depuis la publication de la loi du 10 mars 1818, à moins qu'ils n'aient été congédiés pour ancienneté de service. (*Circulaires des 25 avril et 21 octobre* 1818.)

2.º Les jeunes gens de la classe appelée qui ont été admis comme remplaçans, en vertu d'une décision du Ministre d'une date antérieure à la publication de la loi, et qui servent actuellement dans les corps. (*Circulaire du 21 octobre* 1818.) Ils doivent seulement être compris comme dispensés. (*Circulaire du 21 octobre* 1818.)

3.º Les officiers démissionnaires. (*Circulaire du 21 octobre* 1818.)

4.º Les jeunes gens de la classe appelée qui ont servi comme officiers, sous-officiers ou soldats, dans des bataillons de gardes nationales. (*Circulaire du 6 novembre* 1818.)

5.º Enfin les anciens élèves de l'Ecole Polytechnique. (*Solution donnée le 20 novembre* 1818.)

TITRE II.

DES DISPENSES.

CHAPITRE I.er

DISPENSES POUR SERVICES MILITAIRES.

136 SERONT considérés comme ayant satisfait à l'appel et comptés numériquement en déduction du contingent de chaque canton, et compris en conséquence au nombre des dispensés en vertu de l'article 15 de la loi, savoir :

4

1.º Les jeunes gens qui seront sous les drapeaux lors de la formation de la liste départementale du contingent, *quelle que soit la date antérieure de leur engagement et le titre sous lequel ils sont entrés au service.*

2.º Les jeunes marins portés sur les registres de l'inscription maritime et les charpentiers de navires, perceurs, voiliers et calfats immatriculés.

3.º Les officiers de santé commissionnés et employés dans les armées de terre et de mer.

4.º Les enrôlés volontaires qui, à leur arrivée au corps ou à la revue d'inspection qui aura suivi leur incorporation, auront été déclarés impropres au service militaire et renvoyés dans leurs foyers, si les actes d'engagement qu'ils ont souscrits n'ont pas été annulés judiciairement. (*Circulaire du 24 janvier 1822.*)

5.º Les engagés volontaires, bien qu'ils seraient en état de désertion. (*Circulaire du 11 juin 1819.*)

6.º Les engagés volontaires qui se seraient fait remplacer dans les corps, quand même leurs remplaçans seraient en état de désertion. (*Circulaire du 11 juin 1819, et solution donnée le 23 octobre suivant.*)

7.º Les engagés volontaires détenus, s'ils ne sont pas condamnés à des peines afflictives et infamantes. (*Solution donnée le 5 décembre 1818.*)

8.º Les jeunes gens qui, sans avoir contracté d'engagemens volontaires, ont été admis et servent comme officiers dans les cadres de l'armée, *en activité ou en non-activité, et lors même qu'ils seraient en instance pour la retraite.* (*Circulaire du 11 juin 1819.*)

9.° Les officiers nommés à des emplois civils dans les écoles militaires. (*Solution donnée le 7 juin 1820.*)

10.° Les gardes du génie, quand ils sont liés au service par un engagement. (*Solution donnée le 21 novembre 1818.*)

11.° Les jeunes gens qui font partie des troupes de la marine, excepté ceux qui seraient dans leurs foyers avec des congés de grâce. (*Solution donnée le 29 juillet 1820.*)

12.° Les inscrits maritimes, s'ils réunissent les conditions déterminées par la loi du 25 octobre 1795 (3 *brumaire an* IV), et les gardes-chiourmes.

CHAPITRE II.

DISPENSES POUR SERVICES CIVILS.

137

Ont également droit à la dispense prononcée par l'article 14 de la loi :

1.° Les élèves des écoles Polytechnique, des Ponts et Chaussées et des Mines, ainsi que ceux de l'école des Beaux Arts de Paris qui auront remporté les grands prix au concours de l'Institut. (*Lettre du Ministre de l'intérieur, du 8 avril 1818.*)

2.° Les jeunes gens régulièrement autorisés à continuer leurs études ecclésiastiques, *sous condition qu'ils perdront le bénéfice de la dispense s'ils n'entrent point dans les ordres sacrés.*

Ces jeunes gens ne seront fondés à réclamer la dispense *qu'autant qu'ils auraient commencé déjà leurs études ecclésiastiques, et qu'ils s'en occupent dans un des*

4.

établissemens qui y sont consacrés. (*Circulaire du* 18 *mars* 1820.)

3.° Les élèves de l'école Normale , quel que soit leur emploi.

4.° Les professeurs des facultés et colléges royaux.

5.° Les agrégés maîtres élémentaires, munis de brevets d'emploi délivrés par la Commission d'instruction publique.

6.° Les principaux et régens des colléges communaux, également brevetés.

7.° Les instituteurs primaires approuvés par les comités cantonnaux et nommés par les recteurs.

8.° Les frères des écoles chrétiennes, *pourvu que l'engagement de se vouer à l'instruction publique pendant dix ans, soit pris avant la publication de l'ordonnance qui fixe l'époque du tirage.* (*Circulaire du Conseil royal d'Instruction publique, du* 1.er *juin* 1822.)

Sous la condition qu'ils souscriront l'engagement de se vouer pendant dix ans à l'instruction publique.

138   Tout membre de l'Université désigné dans l'un des six derniers paragraphes de l'article précédent, qui aura été inscrit comme dispensé sur la liste du contingent de sa classe , sera repris pour le service militaire s'il abandonne l'instruction publique avant le terme de la libération des jeunes gens de sa classe. (*Article* 85 *de l'Instruction du* 21 *octobre* 1818.)

139 JEUNES GENS QUI N'ONT PAS DROIT A LA DISPENSE.

1.º Les employés des Douanes.

2.º Les employés et ouvriers des manufactures d'armes : mais si le bien du service l'exigeait, ils pourraient être maintenus dans ces manufactures au moyen de l'approbation spéciale du Ministre de la guerre. (*Solution donnée le 21 novembre 1818.*)

3.º Il en est de même à l'égard des jeunes gens qui ayant fait des études ou suivi des cours pour se rendre propres au service de santé ou à l'un des autres services spéciaux de l'armée, demanderaient de l'emploi dans l'un de ces services. Il est bien entendu que, jusqu'à ce qu'ils aient obtenu l'autorisation du Ministre, ils ne sont pas susceptibles d'être dispensés. (*Articles 185 et 186 de l'Instruction du 21 octobre 1818.*)

140   *BORDEREAU indiquant les pièces à produire au Conseil de révision par les jeunes gens qui réclament le bénéfice de la dispense prononcée par l'article 15 de la loi du 10 mars 1818.*

INDICATION DES CAS DE DISPENSE.	INDICATION DES PIÈCES A PRODUIRE.
Engagés volontaires. . .	Une expédition de l'acte d'engagement, ou un document authentique sur l'engagement, ou bien un certificat de présence au corps.
Inscrits maritimes. { Marins.	Un certificat d'un commissaire de marine, conforme au modèle ci-après coté A.
Ouvriers de professions maritimes.	Un certificat d'un commissaire de marine, conforme au modèle ci-après coté B.
Officiers de santé, commissionnés et employés dans les armées de terre et de mer.	Une expédition de la commission qui leur a été donnée par son Excellence le Ministre de la marine ou par le Ministre de la guerre; Et un certificat constatant qu'ils sont employés dans le service de santé de l'armée, et faisant connaître quel est cet emploi; lequel certificat doit être délivré par le Sous-Intendant militaire chargé de la police du corps ou de l'établissement où ces officiers sont employés.
Jeunes gens qui ont reçu l'un des ordres sacrés.	Certificat de l'Evêque qui a conféré le ou les ordres sacrés, visé par le Préfet pour légalisation de la signature.
Jeunes gens autorisés à continuer leurs études ecclésiastiques dans les religions dont les ministres sont salariés par l'Etat.	Pour les catholiques, Un certificat de l'Evêque diocésain, visé par le Préfet pour légalisation de la signature, et constatant que le réclamant se destine à l'état ecclésiastique, et qu'il a été régulièrement autorisé à continuer ses études. Pour les autres cultes, Un certificat des chefs du consistoire, constatant que le réclamant se destine au ministère de ce culte, qu'il a été régulièrement autorisé à continuer ses études, et qu'il est en cours d'études; lequel certificat doit être visé par le Préfet, pour légalisation de la signature.

INDICATION DES CAS DE DISPENSE.	INDICATION DES PIÈCES A PRODUIRE.
1.º Élèves de l'école Normale. .	Ampliation du brevet de nomination par la Commission d'instruction publique, avec l'indication de l'engagement contracté par écrit par le réclamant, devant la Commission, de se vouer pendant dix ans au service de l'Université, et certificat constatant que l'élève est présent à l'école ou employé à l'instruction publique.
2.º Professeurs des facultés et des colléges royaux.	Ampliation du brevet de nomination par la même Commission. Engagement par écrit contracté par le réclamant, devant la Commission d'instruction publique, de se vouer pendant dix ans au service de l'Université, et certificat délivré par le recteur de l'Académie, constatant que le réclamant exerce actuellement les fonctions de sa place.
3.º Agrégés et maîtres élémentaires munis de brevets d'emploi délivrés par la Commission d'instruction publique.	Idem.
4.º Maîtres d'étude des colléges royaux qui auront été nommés par la Commission.	Idem.
5.º Principaux et régens des colléges royaux brevetés.	Idem.
6.º Frères des écoles chrétiennes.	Certificat constatant que le réclamant, membre de la congrégation des écoles chrétiennes, a contracté l'engagement de se vouer pendant dix ans à l'instruction publique.
7.º Instituteurs primaires approuvés par les comités cantonnaux, et nommés par les recteurs. . . .	Certificat de nomination délivré par le Recteur. Engagement contracté par le réclamant de se vouer pendant dix ans au service de l'Université, et attestation portant qu'il exerce actuellement les fonctions de sa place.

Université.

INDICATION DES CAS DE DISPENSE.	INDICATION DES PIÈCES À PRODUIRE.
Suite de l'Université. 8.° Les jeunes gens qui ont remporté le prix d'honneur accordé par l'Université.	Un certificat délivré par la Commission d'instruction publique.
Élèves de langues. . . .	Certificat délivré par son Excellence le Ministre des affaires étrangères.
Élèves de l'école Polytechnique ; élèves des écoles des Ponts et Chaussées et des Mines.	Ampliation du brevet de nomination, et certificat de présence à l'école.
Les jeunes gens qui ont remporté l'un des grands prix décernés par l'Institut royal.	Certificat délivré par son Excellence le Ministre de l'intérieur, ou par le secrétaire perpétuel de l'Académie qui a décerné le grand prix.
Élèves des écoles spéciales militaires et de marine.	Certificat d'admission et de présence à l'école, délivré par le commandant.

MODÈLE COTÉ A.

CERTIFICAT DE CLASSEMENT.

Nous Commissaire de marine soussigné, chargé de l'inscription maritime au quartier de (*indication du quartier*), certifions que le nommé (*nom et prénoms du réclamant*), né à (*commune ou ville, canton, département*) le (*date de la naissance*), fils de (*prénoms du père*) et de (*nom et prénoms de la mère*), a été légalement et définitivement inscrit en qualité de marin sur le rôle de l'inscription maritime, fol.   n.°
le (*date de l'inscription*), et qu'il avait (*fait deux*

voyages de long cours, ou fait la navigation pendant dix-huit mois, ou fait la petite pêche pendant deux ans, ou servi pendant deux ans en qualité d'apprenti marin à l'époque du (indication de l'époque.)

En foi de quoi le présent certificat lui a été délivré.

A   le   182

MODÈLE COTÉ B.

CERTIFICAT DE CLASSEMENT.

Ouvrier exerçant une profession maritime.

Nous Commissaire de marine soussigné, chargé de l'inscription maritime au quartier de (*indication du quartier*) certifions que le nommé (*nom et prénoms du réclamant*), né à (*commune ou ville, canton, département*) le (*date de la naissance*), fils de (*prénoms du père*) et de (*nom et prénoms de la mère*), a été légalement et définitivement inscrit en qualité d'ouvrier (*charpentier de navire, ou perceur, ou voilier, ou calfat*) sur la matricule des ouvriers, fol.   n.º le (*date de l'inscription*), et qu'il remplissait à cette époque les conditions exigées par les règlemens pour l'inscription définitive.

En foi de quoi le présent certificat lui a été délivré.

A   le   182

I4I *Modèle de Certificat à délivrer par le Conseil royal d'instruction publique aux membres de l'Université qui réclament le bénéfice de la dispense d'après les dispositions de l'art. 15 de la loi du 10 mars 1818.*

Extrait du registre des délibérations du Conseil royal d'instruction publique, séance du

Le Conseil royal d'instruction publique, sur le rapport de Monsieur de l'Académie de conformément à l'art. 15 de la loi du 10 mars 1818, reçoit l'engagement de se vouer pendant dix années au service de l'instruction publique, contracté par le sieur né à département d le

Signé au registre.

(*Rapporter ici les noms des membres du Conseil.*)

Certifié conforme à l'original.

(*Signature du secrétaire du Conseil.*)

TROISIÈME PARTIE.

DES REMPLACEMENS ET DES SUBSTITUTIONS.

——

TITRE PREMIER.

DES REMPLACEMENS.

CHAPITRE PREMIER.

REMPLACEMENS PAR-DEVANT LE CONSEIL DE RÉVISION AVANT LA MISE EN ACTIVIVÉ.

142   Toute demande de remplacement peut être accueillie par le Conseil de révision depuis l'ouverture des opérations du Conseil, jusqu'à l'époque où les notifications des lettres de mise en activité auront été faites aux jeunes soldats, par le Préfet du département. (*Art. 124 de l'Instruction du 21 octobre 1818.*)

143   La notification ci-dessus est réputée faite aux jeunes soldats, dès que le Préfet, après avoir reconnu que les lettres de mise en activité sont dressées suivant l'ordre des numéros de tirage, les a fait expédier; et, à partir de cette époque, les remplacemens ne peuvent plus être admis *que sur l'autorisation du Lieutenant-Général Commandant la Division, ainsi qu'on l'expliquera ci-après chapitre* II. (*Circulaire du 11 juin 1819.*)

144   Les jeunes gens qui voudront se faire remplacer dans

le cours des délais spécifiés par les articles précédens,
pourront présenter leurs remplaçans au Conseil de révision, soit lors de la tournée du Conseil, soit à l'une
des séances qui se tiennent au chef-lieu du département
après la tournée. Mais, dans ce dernier cas, et surtout
après la clôture de la liste départementale du contingent,
il convient d'en donner avis au Préfet, afin que ce magistrat puisse convoquer le Conseil de révision et indiquer
aux jeunes gens le jour et l'heure de la séance.

CHAPITRE II.

REMPLACEMENS DES JEUNES SOLDATS APRÈS LA NOTIFI-CATION DE LEURS LETTRES DE MISE EN ACTIVITÉ.

145   Dès que la notification des lettres de mise en activité est réputée faite par le Préfet aux jeunes soldats, c'est-à-dire, à l'époque déterminée dans l'article
143 ème ci-dessus, en principe les remplacmens ne de-
vraient plus s'effectuer que devant les Conseils d'administration des corps pour lesquels les jeunes soldats ont
été désignés, à moins d'en avoir obtenu l'autorisation
du Ministre de la guerre. Cependant son Excellence,
dans sa constante sollicitude pour les familles, a con-
féré à MM. les Lieutenans-généraux commandans les
divisions, le droit de prononcer sur les demandes de
cette nature. (*Circulaires des* 16 *avril et* 20 *septembre* 1821.)

146   En conséquence, les jeunes soldats qui, par des motifs plausibles, n'auraient pas pu se faire remplacer dans
l'intervalle de l'époque du tirage à celle où ils seront

mis en activité et qui désireraient obtenir l'autorisation
de fournir des remplaçans, devront adresser leurs demandes par écrit au Lieutenant-général commandant
la division dans laquelle le département où ils résident
se trouve compris. Ces demandes seront d'abord sou-
mises au Préfet, qui donnera son avis (s'il y a lieu) sur
l'urgence des remplacemens sollicités. (*Circulaire du* 19
octobre 1820.)

147   Le Lieutenant-général, après avoir pris connaissance
de l'avis du Préfet, accordera, s'il le juge convenable,
aux jeunes soldats qui en auront fait la demande, un
délai pour se faire remplacer ; et ceux qui obtiendront
cette autorisation seront tenus de présenter leurs remplaçans au Conseil de révision, avant l'expiration du
délai qui leur aura été accordé ; à défaut de quoi ils
seraient obligés de marcher eux-mêmes.

148   Les autorisations de remplacement accordées par
MM. les Lieutenans-généraux étant entièrement de faveur, ne doivent pas tourner au préjudice de l'armée.
En conséquence, tout remplaçant présenté au Conseil
de révision postérieurement au jour de la notification
faite au remplacé d'une lettre de mise en activité, *ne
sera point admis s'il n'a toutes les qualités qu'exige
l'arme à laquelle son remplacé était destiné ; ou s'il n'a
au moins la taille de ce dernier.*) *Circulaire du* 20 *septembre* 1821.)

DISPOSITIONS COMMUNES AUX DEUX CHAPITRES PRÉ-
CÉDENS.

149   QUELLE que soit l'époque à laquelle un jeune soldat

sé fera remplacer, il est indispensablement nécessaire
qu'il prenne à l'avance les dispositions convenables pour
que son remplaçant puisse produire au Conseil de révision les certificats et autres pièces indiquées ci-après,
savoir :

1.° Un extrait de l'acte de naissance du remplaçant,
en ayant soin que cet extrait soit légalisé par le président
du tribunal de première instance de l'arrondissement
de son lieu de naissance.

2.° Un congé de libération, si le remplaçant a servi :
dans le cas contraire, il produira un certificat du Maire
de la commune de son domicile constatant que l'individu présenté a satisfait à la loi du recrutement, et qu'il
est libéré du service militaire. Ce certificat sera visé
par le Sous-Préfet.

3.° Un certificat de bonnes vie et mœurs, délivré par
le Maire de la commune de son domicile, et visé par le
Juge de paix du canton. MM. les Maires auront soin de
rédiger ces certificats exactement d'après le modèle ci-
dessous. Ces certificats ne devront pas avoir plus de
deux mois de date. (*Circulaire du 12 décembre 1821.*)

150   *Modèle de certificat de bonnes vie et mœurs à délivrer*
aux remplaçans par MM. les Maires.

Avis important pour MM. les Maires.

Aucun homme se proposant de servir comme remplaçant ne
peut recevoir un certificat de bonnes vie et mœurs, s'il ne réside
depuis six mois dans la commune où il réclame le certificat. (*Dé-*
cision royale du 7 novembre 1821.)

Cette mesure est applicable aux militaires congédiés du service actif et qui se présenteraient pour être admis comme remplaçans. (*Circulaire du 24 janvier 1822.*)

Les individus qui ont été condamnés même en police correction-
nelle pour des actes contraires à la probité ou à la morale, de
même que ceux qui ont été congédiés des compagnies de discipline ou de pionniers, ne sont pas susceptibles de recevoir des
certificats de bonnes vie et mœurs pour être admis comme remplaçans. (*Solutions données les 20 mai et 1ᵉʳ septembre 1820.*)

Nous Maire de la commune d
soussigné, certifions, sous notre responsabilité personnelle, que le sieur (*écrire ici très-correctement et en
toutes lettres, les nom, prénoms et surnoms*) est né le
(*écrire ici très-correctement la date de la naissance*)
à   canton d
arrondissement d   ainsi qu'il résulte
de son acte de naissance dûment légalisé, et des autres
pièces produites, ci-après inventoriées :

1.º Qu'il jouit de ses droits civils, et qu'il n'est dans
aucuns cas prévus par le Code civil, qui entraînent la
privation de ces droits;

2.º Qu'il habite depuis plus de six mois dans cette
commune ;

3.º Qu'il exerce la profession de
et qu'il travaille (*indiquer ici chez qui il travaille et
depuis combien de temps ; ou bien qu'il vit chez ses
parents ; ou bien qu'il est au service de M.*)

4.º Qu'il résulte du témoignage des notables habi-
tants soussignés, tous pères de famille imposés au rôle
des contributions, et demeurant depuis plus d'un an
dans la commune, qu'il a eu constamment une bonne
conduite;

5.º Qu'il est régulièrement libéré du service militaire (*faire connaître à quel titre il est libéré*), et
qu'il n'est pas marié (*si l'individu est marié, le
Maire le fera connaître*); ce qui nous a été attesté
également par les deux témoins qui ont signé avec nous.

A   le   182

(*Signature du Maire.*)

Inventaire des pièces dont est porteur le S^r

    1.º Acte de naissance;
    2.º
    3.º
    4.º

    Signalement du S^r

Taille de   cheveux   sourcils
nez   yeux   bouche   menton
visage
      (Indiquer les marques particulières.)
domicilié à   canton d   arrondissement d   département d
    Visé et vérifié par nous, Juge de paix du canton
d

                (*Signature du juge de paix du canton.*)

    Visé par nous, Préfet du département d

    (*Ce visa ne sera nécessaire que pour les hommes qui se présen-
teraient comme remplaçans dans un département autre que celui de
leur résidence.*)

    NOTA. *Ce Certificat devra être signé du Maire qui
l'aura délivré, et par deux témoins notables habitans,
pères de famille, imposés au rôle des contributions, et
demeurant depuis plus d'un an dans la commune.*

151   Tout homme valablement libéré du service militaire
peu t être admis en qualité de remplaçant, pourvu qu'il
ait la taille et les autres qualités requises pour être reçu
dans l'armée, *et qu'il n'ait pas plus de trente ans s'il
n'a pas servi, et de trente-cinq ans s'il a été militaire.*
(*Extrait de l'article* 18 *de la loi.*)

152   Pour prévenir toute espèce de fraude dans l'admission des remplaçans, son Excellence le Ministre de la

guerre, par une circulaire du 16 mars 1821, a recommandé aux Conseils de révision d'apporter un sévère examen dans la vérification des Certificats et autres pièces produites par les individus qui leur seront présentés pour servir comme remplaçans; et pour acquérir la certitude que les pièces concernent les individus qui en seront porteurs, les Conseils doivent exiger que le remplaçant et le remplacé, ou l'ayant cause de celui-ci, ainsi que deux pères de famille connus et domiciliés dans le département, signent un Certificat d'identité conforme au modèle ci-dessous :

MODÈLE.

153 *Certificat d'identité accordé au nommé qui se présente pour être admis à servir comme remplaçant.* (Circulaire du 16 mars 1821.)

Nous soussignés (*maire* ou *adjoint de la commune d canton d département d ou noms et qualités, état ou profession*), et (*nom et prénoms du jeune homme qui demande à se faire remplacer*), de la commune d canton d département d compris dans le contingent de sa classe pour le canton d département d certifions, sous notre responsabilité personnelle, que l'individu ici présent, et qui demande à être admis comme remplaçant du sieur ci-dessus nommé, est bien connu de nous pour être celui auquel se rapportent les certificats, acte de naissance et autres pièces dont il est porteur, et dont la production est exigée par les instructions de son Excellence le Ministre de la guerre.

En foi de quoi nous avons signé, ainsi que le remplaçant, en présence de (*désigner quels sont les mem-*

bres du Conseil de révision présens), membres du Conseil de révision.

      A   le   182

(Signatures du remplaçant et   *(Signatures des deux pères*
du remplacé, ou déclaration   *de famille.)*
qu'ils ne savent signer.)

NOTA. *Si un fondé de pouvoir se présentait à la place
du remplacé, il sera tenu de remplir les formalités exigées de celui-ci.*

154   Les remplacemens ne sont valables qu'après que les
actes administratifs ont été dressés dans la forme voulue,
et qu'ils sont signés chacun du remplaçant et du remplacé, ou de l'un des parens, ou des tuteurs de ces derniers. (*Solution donnée le 5 février* 1819.)

155   Toutes les pièces produites par les remplaçans doivent
être conservées dans les archives de la Préfecture, à
l'appui des décisions rendues par le Conseil de révision.
Si ces pièces sont nécessaires aux parties, il leur en sera
délivré des copies authentiques.

156   Des copies de l'acte administratif de remplacement
doivent être également délivrées *gratis*, au remplaçant
et au remplacé, s'ils en font la demande. (*Solution
donnée le 7 juin* 1819.)

CHAPITRE III.

DE LA RESPONSABILITÉ DES REMPLACÉS. (*Extrait de l'article 18 de la loi.*)

157   Du moment où un remplaçant aura été admis par le
Conseil de révision, son remplacé en est personnellement responsable, *pour le cas de désertion ; et, hors ce*

cas, *le remplacé est entièrement libéré, lors même que le remplaçant serait décédé après son admission, ou réformé pour un motif quelconque à son arrivée au corps.* (*Art.* 120 *de l'Instruction du* 21 *octobre* 1818.)

158   Quelle que soit la date de l'admission d'un remplaçant par le Conseil de révision, l'année de la responsabilité imposée au remplacé ne courra que du jour où l'acte administratif de remplacement aura été signé par le Préfet. (*Solutions données les* 7 *et* 15 *octobre* 1819.)

159   Les remplacemens entre frères étant, quant à leurs effets, considérés comme de simples substitutions ou échanges de numéros de tirage, la responsabilité en cas de désertion n'a pas lieu. (*Art.* 123 *de l'Instruction du* 21 *octobre* 1818.)

160 .   Si un remplaçant vient à déserter, et qu'il ne soit pas arrêté dans le cours de la première année de son admission, le remplacé sera tenu de marcher lui-même, d'après l'avis qu'il recevra du Préfet ; ou bien il devra fournir un nouveau remplaçant, duquel il sera également responsable; dans ce cas, il lui sera accordé un délai qui ne pourra excéder quarante jours, pour se procurer un autre homme. (*Art.* 121 *et* 122 *de l'Instruction du* 21 *octobre* 1818.)

161   Il résulte des dispositions contenues dans les deux articles précédens, que les jeunes soldats qui se font remplacer, doivent faire tout ce qui dépend d'eux pour que l'arrestation de leurs remplaçans déserteurs s'effectue dans le cours de l'année pendant laquelle ils en sont responsables d'après la loi. Ainsi ceux qui se trou-

veront dans cette circonstance, devront s'empresser de fournir à l'autorité, tous les renseignemens qui pourraient faire découvrir la retraite du coupable, quand ils seront à même de l'indiquer.

162   Un remplaçant déserteur, arrêté avant l'expiration de l'année de responsabilité du remplacé, sans être mis en jugement, son arrestation ne dégage pas le remplacé de la responsabilité pour le cas d'une nouvelle désertion. (*Solution donnée le 27 juin* 1820.)

163   Un jeune homme qui s'est fait remplacer, ne peut pas être admis comme remplaçant, avant l'expiration de l'année pendant laquelle il répond de son remplaçant. (*Circulaire du 11 juin* 1819.)

164   Tout individu qui aura été admis comme remplaçant, ne pourra se faire remplacer lui-même, qu'après l'expiration de l'année de responsabilité à laquelle la loi soumet celui qu'il représente : toutefois si ce dernier consent à ce remplacement secondaire, la demande peut être accueillie, mais alors il demeure responsable du nouveau remplaçant pendant une année, et dans ce cas le premier remplacement devient nul. (*Circulaire du 11 juin* 1819.)

TITRE II.

DES SUBSTITUTIONS OU ÉCHANGES DE NUMÉROS DE TIRAGE.

CHAPITRE UNIQUE.

165   Les substitutions ou échanges de numéros de tirage, ne peuvent avoir lieu, qu'entre des jeunes gens de la

même classe et du même canton : elles sont défendues entre des jeunes gens de classes différentes, ou qui, étant de la même classe, appartiennent à des cantons différents, et lors même qu'il s'agiroit de l'échange de numéros entre deux frères. (*Art.* 113 *de l'Instruction du* 21 *octobre* 1818 *et solution donnée le* 28 *novembre suivant.*)

166   Les échanges de numéros peuvent être accordés par le Conseil de révision aux jeunes gens qui en font la demande avant la clôture de la liste départementale du contingent, sans qu'il soit besoin de produire aucune pièce, pourvu toutefois, que le substituant ait les qualités requises pour faire un bon service ; mais alors la seule formalité à remplir consiste à signer l'acte administratif de substitution.

167   La substitution n'entraîne à aucune responsabilité de la part de l'homme qui s'est fait substituer par un autre. (*Art.* 113 *de l'Instruction du* 21 *octobre* 1818.)

168   La substitution peut avoir lieu entre un jeune homme appelé par son numéro de tirage à faire partie du contingent et un jeune homme dans le cas d'être dispensé, si ce dernier a obtenu un numéro assez élevé pour qu'on le regarde comme libéré. (*Circulaire du* 11 *juin* 1819.)

169   Toutefois, la substitution ne pourrait pas être admise si le jeune homme proposé était un engagé volontaire ou un inscrit maritime, ou enfin s'il étoit dispensé comme attaché à un service public qu'il ne dépendroit pas de lui d'abandonner. (*Circulaire du* 11 *juin* 1819.)

170   Les jeunes gens exemptés pour tout autre motif que pour défaut de taille ou infirmités peuvent être admis comme substituans. (*Circulaire du 11 juin 1819.*)

171   Les dispensés ou les exemptés ne peuvent être admis comme substituans qu'après avoir déclaré qu'ils renoncent à la dispense ou à l'exemption; *et cette renonciation est exprimée au procès verbal de la séance et dans l'acte de substitution.* (*Circulaire du 11 juin 1819.*)

172   Le Conseil ne doit admettre aucune substitution qu'après s'être assuré du consentement des parties, et qu'après avoir entendu le Sous-Intendant militaire dans ses observations s'il en avoit à faire sur l'aptitude des substituans. (*Art.* 115 *de l'Instruction du* 21 *octobre* 1818.)

173   L'acte de substitution dressé devant le Conseil de révision dans la forme voulue, doit être signé à l'instant même par le substituant et le substitué ou la personne légalement autorisée par ce dernier.

QUATRIÈME PARTIE.

TITRE PREMIER.

DEVANCEMENT D'APPEL.

CHAPITRE PREMIER.

DEVANCEMENT D'APPEL PAR VOIE D'ENGAGEMENT VOLONTAIRE.

174 TOUT jeune soldat définitivement admis dans le contingent de sa classe d'après son numéro de tirage, conserve le faculté de choisir un corps, de deux manières différentes qui sont réglées selon l'époque à laquelle le jeune homme se présente pour fixer son choix. 1.° Depuis le jour du tirage dans son canton, jusqu'au quinzième jour avant celui indiqué pour la clôture de la liste départementale du contingent, un jeune homme a la faculté de choisir un corps, en contractant un engagement volontaire devant le Maire de sa commune ou de tout autre lieu, s'il est pourvu des pièces indiquées ci-dessous. (*Circulaire du 4 mai 1819.*) 2.° Après la clôture de la liste départementale il a encore cette faculté, mais alors il suffit qu'il en fasse la demande dans la forme qui sera donnée au chapitre II ci-après.

175 D'après les dispositions de l'article précédent, on voit

que la faculté de choisir un corps, accordée aux jeunes gens d'une classe appelée, *cesse pendant les quinze derniers jours qui précèdent l'époque fixée par son Excellence le Ministre de la guerre pour la clôture de la liste départementale du contingent*, et cette époque est indiquée à l'avance, pour chaque classe, à MM. les Maires, par la voie du Recueil administratif du département.

176   Ainsi, on suppose par exemple, que l'époque fixée pour la clôture de la liste départementale soit le 31 mars, la faculté de choisir un corps, accordée aux jeunes gens de la classe appelée, *cesserait depuis le 16 jusqu'au 31 mars*, et pendant ces quinze jours consacrés aux dernières opérations du Conseil, MM. les Maires doivent avoir la plus grande attention à ne pas recevoir d'engagemens volontaires de la part des jeunes gens susceptibles d'être compris dans le contingent.

177   Il est expressément recommandé à MM. les Maires de transmettre à MM. les Préfets avant la clôture de la liste du contingent, une expédition de chacun des actes d'engagement qu'ils auront été dans le cas de rédiger pour des jeunes gens de leurs communes ou d'autres lieux : cette mesure étant à la fois dans l'intérêt des engagés et de leurs familles ainsi que dans celui du service du Roi.

178   Quel que soit le corps dans lequel un jeune homme demandera à s'engager, MM. les Maires ne doivent satisfaire à sa demande, qu'après que l'individu aura prouvé dans les formes ci-dessous indiquées : 1.° qu'il réunit la taille et les autres qualités requises pour le corps dont il fait choix, 2.° Que l'effectif permet de l'ad-

mettre. Pour remplir cette condition, les Maires ou officiers de l'état-civil auront à consulter le dernier bulletin récapitulatif qui leur aura été transmis par MM. les Préfets. (*Art. 7 de l'Instruction du 20 mai 1818 et Circulaire du 18 août 1819.*)

179   Tout jeune homme qui désire s'engager *pour un corps quelconque,* doit produire à l'officier de l'état-civil, les pièces ci-après spécifiées, savoir :

    1.º Un extrait de son acte de naissance, dûment légalisé par le Président du tribunal de première instance de son arrondissement. Cet extrait sera délivré sur papier libre, conformément à l'article 16 de la loi du 3 novembre 1798. (*Voir le n.º 189 du présent recueil.*)

    2.º Un certificat de bonnes vie et mœurs délivré dans la forme ci-dessous, par le Maire de la commune de son domicile, visé et vérifié par le Juge de paix du canton. (*Art. 10 de l'Instruction du 20 mai 1818.*)

    Modèle de Certificat de bonnes vie et mœurs.

Nous soussigné Maire de la commune de certifions que le nommé (*mettre ici les nom et prénoms du jeune homme qui demande à s'engager*), habitant depuis plus d'un an dans ladite commune, *jouit de ses droits civils, qu'il est de bonnes vie et mœurs, et qu'il n'appartient encore jusqu'à présent ni au service de terre ni à celui de mer.*

En foi de quoi nous lui avons délivré le présent sur papier libre pour servir à contracter un engagement volontaire. (*Voyez le n.º 189.*)

Fait à la Mairie de   le   182

                  (*Signature du Maire.*)

Vu et vérifié par nous Juge de paix du canton de

                  (*Signature du Juge de paix.*)

Nota. *Il faut observer que jusqu'à ce que la liste du contingent soit close par le Conseil de révision, les jeunes gens qui doivent être compris sur cette liste n'appartiennent pas encore à l'armée; ce n'est qu'après la clôture définitive des opérations du Conseil qu'ils en font partie, en prenant la dénomination de jeunes soldats, considérés comme militaires en congé.*

3.º Enfin, les jeunes gens doivent produire un *Certificat d'acceptation*, *délivré* savoir:

Par le Général Commandant le département, si le jeune homme qui se présente désire être admis dans l'un des corps de la garde royale.

Par l'officier ou le sous-officier de gendarmerie de la résidence la plus voisine de son domicile, si le jeune homme demande à entrer dans tout autre corps que ceux de la garde royale.

Par le Capitaine de recrutement, si l'individu fait partie de l'arrondissement du chef-lieu de la préfecture, et qu'il demande à entrer dans un des corps de la ligne, soit artillerie, cavalerie ou infanterie.

180　　Indépendamment des pièces indiquées dans l'article précédent, les jeunes gens qui exercent l'une des professions d'ouvriers en bois ou en fer, tailleurs de pierres, selliers, bourreliers; ou bien ceux qui ont acquis l'usage du travail dans les mines et carrières, et qui, voulant continuer l'exercice de leurs professions, désireraient s'engager pour servir dans les compagnies d'ouvriers d'artillerie, ou dans celles du train des équipages, ou bien dans les régimens du génie, devront produire un certificat dans la forme ci-dessous, constatant qu'ils ont fait leur apprentissage dans la profession qu'ils exercent.

MODÈLE.

Certificat à délivrer par deux maîtres-ouvriers pa-
tentés aux jeunes gens qui désirent s'engager pour ser-
vir dans les compagnies d'ouvriers d'artillerie ou du
train des équipages, etc.

Nous soussignés maîtres-ouvriers (*mettre ici la pro-*
fession, qui doit être la même que celle du jeune
homme qui demande le certificat), domiciliés à
canton de   département de
certifions, sous notre responsabilité personnelle, que le
nommé (*mettre ici les nom et prénoms du jeune homme*)
a fait son apprentissage de l'état de (*indiquer ici la*
profession), et qu'il est apte à faire un bon service dans
tous les ateliers où l'on exerce sa profession, qui est
aussi la nôtre.

En foi de quoi nous lui avons délivré le présent sur
papier libre, conformément à l'art. 16 de la loi du 3 novembre 1798, pour servir à contracter un engagement
volontaire. (*Voir le n.° 189 du présent Recueil.*)

A   le   182
            (*Signatures des deux maîtres-ouvriers.*)

Vu par nous Maire de la commune de
pour légalisation des signatures des sieurs
maîtres-ouvriers patentés et domiciliés dans laditecom-
mune.
            (*Signature du Maire, accompagnée du*
            cachet de la Mairie.)

Vu par nous Sous-Préfet de l'arrondissement de
pour légalisation de la signature du sieur
Maire de la commune de

181   Il est essentiel d'observer ici, que les jeunes gens qui
demanderaient à s'engager *dans un des corps quelcon-*
ques de l'armée, désigné dans le bulletin récapitulatif,

comme étant porté à son complet, *doivent*, *avant de
faire aucune autre démarche*, s'adresser au colonel
dudit corps pour obtenir un certificat du Conseil d'administration, constatant que, d'après les mutations
journalières, l'effectif permet l'engagement. (*Circulaire
des 1.er juin et 12 janvier 1819.*)

182   La plupart des habitans et surtout ceux des campagnes
étant peu familiarisés avec ce genre de correspondance,
on a pensé qu'il serait agréable à ceux qui se trouveront
dans le cas spécifié ci-dessus, d'avoir sous les yeux une
formule de la demande à faire, et celle ci-dessous peut
être employée.

Formule de demande d'un Certificat d'effectif.

A M. le Colonel du   me *régiment* (désigner
l'arme), *à*

Monsieur le Colonel,

Désirant avoir l'honneur de servir dans le régiment
que vous commandez, et le corps étant au nombre de
ceux désignés par son Excellence le Ministre de la guerre
comme ayant atteint, ou étant à la veille d'atteindre le
complet de son effectif, je vous prie de vouloir bien me
faire expédier, le plus tôt possible, à l'adresse ci-dessous, un certificat du Conseil d'administration qui autorise mon engagement pour le corps, après que mon
aptitude aura été reconnue par qui de droit.

J'ai l'honneur d'être,

Monsieur le Colonel,

Votre très-humble et très-obéissant serviteur,

(*Signature du jeune homme qui
demande à s'engager.*)

A   le   182

Le jeune homme mettra ici son adresse, en ayant soin, si le
bureau de poste n'est pas dans le lieu de sa résidence, d'indiquer
celui d'où partira sa lettre. Les lettres doivent être affranchies.

183   Munis des pièces indiquées aux numéros 179, 180 et 182, les jeunes gens pourront se présenter à l'officier de l'état-civil de leurs communes respectives ou de tout autre lieu, pour souscrire leur engagement. (*Art. 9 de l'Instruction du 20 mai 1818.*)

184   Tout Maire ou Adjoint remplissant les fonctions d'officier de l'état civil doit, sur la production des pièces mentionnées plus haut, recevoir et dresser les actes d'engagemens volontaires des jeunes gens qui se présentent devant lui à cet effet; et, quel que soit d'ailleurs le lieu de la naissance ou du domicile de l'individu, l'article 4 de la loi n'ayant fait aucune distinction à cet égard. Mais il doit avoir soin de faire parvenir le plutôt possible *une copie de l'acte d'engagement au Préfet du département où est situé le domicile de l'engagé.*

185   La loi ayant voulu que les engagemens volontaires fussent contractés suivant les formes prescrites par les articles 34 et 44 du code civil, les jeunes gens qui se présenteront devant les officiers de l'état-civil pour souscrire ces sortes d'engagemens, auront soin de se faire accompagner par deux témoins (parens ou autres) pourvu qu'ils soient âgés de vingt-un ans. Ces témoins ainsi que l'engagé et l'officier de l'état-civil signeront l'acte. (*Art. 37 du Code civil.*)

186   Dans chaque mairie il doit y avoir un registre particulier pour les engagemens volontaires, et c'est sur ce registre que les minutes des actes d'engagemens doivent être conservées pour y recourir au besoin.

   Chaque engagement volontaire *doit être fait en trois expéditions* y compris la minute sur le registre ; celle-ci reste dans les archives de la mairie. La seconde est remise à l'engagé qui ne doit pas en être dessaisi ; et la troisième est transmise de suite par le Maire, au Préfet du département dans lequel l'engagé a son domicile, pour que ce magistrat en fasse l'envoi au Sous-Intendant militaire en résidence dans le département. (*Art.* 13 *de l'Instruction du* 20 *mai* 1818.)

187   Les registres et les expéditions des actes d'engagemens volontaires sont exempts du droit de timbre. (*Circulaire du* 14 *octobre* 1818.)

188   Seront pareillement exempts du droit de timbre, les expéditions des actes de naissance ou autres, et généralement toutes les pièces à produire par l'engagé, à l'officier de l'état civil. (*Art.* 16 *de la loi du* 3 *novembre* 1798.) En conséquence lorsque MM. les Maires auront à délivrer des copies d'acte de naissance ou des certificats demandés par des jeunes gens qui déclareront vouloir s'en servir pour s'engager volontairement, ils termineront toujours la rédaction de ces pièces par cette formule : *Le présent délivré sur papier libre pour servir à contracter un engagement volontaire.*

189   Les remplaçans autres que ceux qui marchent pour leurs frères, ne peuvent pas être admis à souscrire des engagemens volontaires, attendu qu'ils sont liés au service par leurs actes de remplacement. (*Circulaire du* 19 *juillet* 1819.)

190   Une seule omission pouvant être une cause de nullité dans les actes d'engagemens volontaires, et quelquesuns de MM. les Maires ou Adjoints remplissant les fonctions d'officiers de l'état civil n'étant pas toujours à

portée de se procurer des imprimés en blanc pour fa-
ciliter la rédaction de ces actes il a paru convenable
d'en donner le modèle.

Modèle d'acte d'engagement volontaire

L'an   le   à   heures, s'est présenté
devant nous (*Maire* ou *Adjoint*), officier de l'état civil d
arrondissement d   département d   le sieur
(*nom et prénoms*), âgé de   exerçant la profession d
   *Si l'engagé a déjà servi, spécifier, d'après sa décla-
ration* (à la suite de l'indication de la profession, *en
quelle qualité et dans quel corps.*)
domicilié à   canton d
arrondissement d   département d   et
résidant à   canton d   arrondissement
d   département d
   Lequel, assisté du sieur (*nom, prénoms, âge, profession et domicile du premier témoin*), et du sieur
(*nom, prénoms, âge, profession et domicile du deuxième témoin*), appelés l'un et l'autre comme témoins,
conformément à la loi,
   A déclaré vouloir s'engager pour servir dans le (*désignation du corps*), et, à cet effet, nous a présenté,
   1.º Un certificat délivré, sous la date du (*indication
de la date*), par (*nom, grade et corps de l'officier
signataire du certificat*), et constatant que ledit sieur
(*nom de l'engagé*) n'est atteint d'aucune infirmité ;
qu'il a la taille et les autres qualités requises pour le
service militaire et pour le corps auquel il se destine,
et que l'effectif permet de l'y admettre ;
   2.º Son acte de naissance (*si ce n'est pas un acte de
naissance que l'engagé produit, il faudra substituer aux
mots,* son acte de naissance, *ceux qui suivent : un* (in-

dication du titre qui serait produit conformément à l'article 46 du Code civil), *ou un acte de notoriété dressé et homologué dans les formes voulues par les articles* 70, 71 *et* 72 *du Code civil*) constatant qu'il est né le (*indication du jour, du mois et de l'année de la naissance*), canton d   arrondissement d   département d

3.º Un certificat délivré sous la date du (*indication de la date*) par le Maire d (*indication de la commune où le certificat a été délivré*) visé par le Juge de paix du canton d (*indication du canton auquel le Juge de paix appartient*), et constatant,

1.º Qu'il jouit de ses droits civils ;

2.º Qu'il est de bonnes vie et mœurs ;

3.º Qu'il n'a été appelé ni pour le service de terre, ni pour celui de mer, (*ou bien*) qu'il est libéré de l'un et de l'autre service ;

4.º *On indiquera sous ce numéro les pièces que l'engagé produira, conformément à l'article* 11 *de l'instruction.*

Nous, officier de l'état civil, après avoir reconnu la régularité des pièces produites par le sieur   nous lui avons donné lecture, 1.º des articles 2, 3 et 4 de la loi du 10 mars 1818, relatifs aux engagemens volontaires ; 2.º du titre 4 de la même loi, relatif au service territorial que doivent faire les militaires qui ont achevé le service d'activité ; 3.º des articles 18 et 19 de l'instruction sur les engagemens volontaires, approuvée par le Roi, lesquels ordonnent de faire conduire de brigade en brigade, par la gendarmerie, les engagés volontaires trouvés hors de la route qui leur est tracée, et de poursuivre comme déserteurs ceux qui ne se rendent pas à leur destination dans les délais prescrits.

Ensuite de quoi nous avons reçu l'engagement volontaire du sieur   lequel a promis de servir le Roi avec fidélité et honneur, et de rester sous les drapeaux pendant l'espace de   ans (*indiquer le nombre d'années, suivant l'arme.*)

Lecture faite audit sieur   et aux deux témoins ci-dessus dénommés, du présent acte, ils ont signé avec nous. (*Si l'engagé ne peut signer, il sera fait mention de la cause qui l'en empêche, conformément à l'article 39 du Code civil.*)

Signalement du sieur

Taille de   cheveux   front   sourcils   yeux   nez   bouche   menton   visage   (*indiquer les marques particulières*), fils de (*noms des père et mère*), domiciliés à   canton d   arrondissement d   département d

(*Signature du Maire.*)

Nota. *Le signalement sera rempli avec soin par le fonctionnaire qui aura reçu l'acte d'engagement.*

191   Il est accordé à MM. les officiers de l'état civil, une somme de trois francs par acte d'engagement volontaire, pour les couvrir de leurs frais d'écritures et de la tenue des registres. (*Circulaire du 22 septembre 1818.*)

192   Cette indemnité leur sera payée chaque année sur un état conforme au modèle ci-après, qu'ils auront soin d'adresser au Préfet dans le courant de la première quinzaine du mois de décembre. (*Circulaire du 29 juillet 1819.*)

6

Modèle d'état pour les frais d'actes d'engagement.

ARRONDISSEMENT ÉTAT nominatif des jeunes gens qui ont
de contracté des engagemens volontaires
————— par-devant l'Officier de l'état-civil de la
COMMUNE d commune de   pendant
⁓⁓⁓⁓ l'année 182

ANNÉE 182

DATES des ENGAGEMENS.	NOMS ET PRÉNOMS des ENGAGÉS.	CORPS CHOISIS par LES ENGAGÉS.	OBSERVATIONS.

Certifié conforme au registre des engagemens volontaires tenu à la Mairie de

A le   182

*(Signature du Maire ou de l'Adjoint
remplissant les fonctions d'officier d'état civil.)*

193 Tout individu qui voudra contracter un engagement
volontaire devra, selon l'arme à laquelle il se destine,
avoir au moins la taille indiquée ci-contre : (*Art.* 5
de l'Instruction du 20 *mai* 1818.)

Pour servir dans les carabiniers de
Monsieur et grenadiers à cheval <small>mètre millim. pieds p</small>
de la garde royale, 1 788 ou 5 6
Dans les cuirassiers, l'artillerie à pied
ou à cheval, 1 733 ou 5 4
Dans les dragons, les ouvriers d'artil-
lerie et régimens de génie, 1 706 ou 5 3
Dans le train d'artillerie et des équi-
pages, 1 679 ou 5 2
Dans les chasseurs et hussards, 1 652 ou 5 1
Et enfin dans l'infanterie, 1 570 ou 4 10

CHAPITRE II.

DEVANCEMENT D'APPEL PAR VOIE DE SIMPLE DE-MANDE APRÈS LA CLOTURE DE LA LISTE DÉPAR-TEMENTALE DU CONTINGENT.

194 A PARTIR du jour fixé pour la clôture de la liste départementale du contingent, et jusqu'au jour ou l'ordre
de mise en activité sera parvenu dans le département,
les jeunes soldats (*remplaçans, substituans ou marchant
pour leur compte*) peuvent, sur leur demande faite dans
la forme ci-dessous, être admis à choisir un corps aux
conditions suivantes :

1.º Si l'effectif des corps dans lesquels ils demanderaient à entrer permet de les recevoir. (*Art.* 179 *de
l'Instruction du* 21 *octobre* 1818.)

2.º Si, demandant à passer dans tout autre corps que
l'un des régimens d'infanterie *et d'artillerie à pied ou à
cheval*, ils s'obligent à servir deux ans de plus. (*Art.*
3 *de la loi et Circulaire du* 15 *septembre* 1821.)

6.

195 *Modèle de demande à adresser au Sous - Intendant
militaire chargé du recrutement, par les jeunes soldats qui désirent choisir un corps en devançant l'é-
poque de leur mise en activité.* (Le jeune soldat remettra sa demande au Maire de sa commune, qui la
fera passer au Sous-Intendant militaire, sous bandes
croisées.

Je soussigné (*le jeune soldat mettra ici ses nom et
prénoms*), jeune soldat de la classe de 182   né
à   fils   d   et d
demeurant à   canton d
déclare que je désire être incorporé dans le (*indiquer
le corps dans lequel le jeune soldat demande à entrer*)
immédiatement, et sans attendre que je sois appelé à
l'activité en vertu d'une ordonnance du Roi ; en conséquence, je demande que M. le Sous-Intendant militaire
chargé de la police administrative du service de recrutement pour le département d   veuille bien
me délivrer les ordres et pièces nécessaires pour que je
me rende et sois admis au corps sus-indiqué.

Fait à   le   182

(*Signature du jeune soldat.*)

196   Le Sous-Intendant, après s'être assuré que l'effectif
du corps dans lequel le jeune soldat demande à entrer
permet de le recevoir, fera passer au jeune homme, un
avis portant, savoir : S'il demande à entrer dans un régiment d'infanterie de la ligne, qu'il peut se présenter
devant lui à l'effet d'être dirigé sur ce corps ; et s'il demande à entrer dans un des régimens de cavalerie,
d'artillerie ou du génie, qu'il doit faire constater son
aptitude par un certificat de l'officier ou du maréchal

des logis de gendarmerie de plus près de sa résidence : si le jeune soldat fait partie de l'arrondissement chef-lieu de la Préfecture, par le capitaine de recrutement. (*Art.* 181 *de l'Instruction du* 21 *octobre* 1818, *et Circulaire du* 22 *décembre* 1820.)

197   Muni de ce certificat, le jeune soldat se rendra auprès du Sous-Intendant militaire à l'effet de recevoir une feuille de route, *après avoir souscrit un rengagement de deux ans de plus*, si son choix s'est fixé sur tout autre corps que ceux d'infanterie ou d'artillerie à pied et à cheval. (*Art.* 183 *de l'Instruction du* 21 *octobre* 1818, *et décision du* 10 *mars* 1820.)

198   Il est dans l'intérêt des jeunes soldats qui désirent devancer l'époque de leur mise en activité, *de s'assurer*, *avant de faire aucune autre démarche*, que le corps dans lequel ils demandent à entrer n'a pas atteint son complet. Ce renseignement peut leur être fourni par le Maire de leur commune ou par l'officier ou maréchal-des-logis de gendarmerie de la résidence voisine de son domicile ; l'un et l'autre recevant le bulletin récapitulatif faisant connaître les corps qui sont ou ne sont pas complets.

199   Aucun jeune soldat ne peut être admis à devancer l'époque de sa mise en activité pour servir dans l'un des régimens de la garde royale, qu'en vertu d'un ordre spécial du Ministre de la guerre. (*Circulaire du* 31 *mai* 1822.)

    Mais celui qui désirera obtenir la faveur d'être admis dans la garde royale, devra d'abord se présenter devant le Général commandant le département, ou l'officier supérieur désigné pour le remplacer, afin de faire constater son aptitude; l'officier général ou supérieur lui ayant délivré un certificat, le jeune soldat pourra adresser une demande au Ministre de la guerre dans la forme ci-dessous.

MINISTÈRE
DE LA GUERRE.
~~~~~~~
DIRECTION GÉNÉRALE
DU PERSONNEL.

2.me BUREAU.

RECRUTEMENT.

A Son Excellence le Ministre secrétaire d'état au département de la guerre.

Monseigneur,

Le soussigné (*le jeune soldat mettra ici son nom de famille et ses noms de baptême*), jeune soldat de la classe de 182   sous le n.°   du tirage dans le canton d   demeurant à   arrondissement d   désirant devancer l'époque de sa mise en activité pour être admis à servir dans le   ^{me} régiment d   de la garde royale, a l'honneur de prier Votre Excellence de vouloir bien autoriser son admission dans le corps sus-indiqué.

L'exposant réunit la taille et les autres qualités requises pour ce service, ainsi qu'il conste par le certificat qui lui a été délivré le   par M.

En attendant qu'il plaise à Votre Excellence de prendre l'objet de sa demande en considération,

il a l'honneur d'être très-respectueusement,

de Votre Excellence,

le très-humble et très-obéissant serviteur,

A   le   182   (*Signature du jeune soldat.*)

NOTA. *Ces demandes doivent être adressées sous enveloppe à cette adresse :* A Son Excellence le Ministre secrétaire d'état au département de la guerre. *Les lettres n'ont pas besoin d'être affranchies.*

CHAPITRE III.

ENGAGEMENS VOLONTAIRES POUR LES TROUPES DES COLONIES.

200 LES jeunes gens d'une classe appelée peuvent aussi, jusqu'à l'époque fixée dans le chapitre I.er, contracter des engagemens volontaires pour les corps particuliers formant la garnison des colonies. Les formalités à remplir sont les mêmes que pour les autres troupes.

201 Toutefois ces engagemens ne seront reçus que lorsqu'ils auront été autorisés par des décisions particulières du Ministre de la guerre, ou par des instructions spéciales fondées sur les besoins des troupes des colonies. (*Circulaires des* 1.er *septembre* 1819 *et* 5 *février* 1820.)

202 Lorsque les engagemens volontaires pour les troupes des colonies sont ouverts, MM. les Préfets le font connaître dans les communes par voie d'affiches. (*Circulaire du* 14 *octobre* 1820.)

203 La taille exigée pour être admis dans les troupes des colonies est la même que celle fixée par la loi pour les corps d'infanterie, c'est-à-dire 4 pieds 10 pouces. (*Circulaire du* 1.er *septembre* 1819.)

204 Les avantages faits aux jeunes gens qui se destinent au service des troupes formant la garnison des colonies sont :

1.º Avant leur embarquement, une avance d'un mois de solde, s'ils vont au Sénégal; et de deux mois de solde s'ils sont dirigés sur les colonies d'Amérique.

2.° Le pain et la viande, et sur quelques points une ration de vin ou de rhum, leur sont fournis dès leur arrivée à destination, indépendamment de la solde journalière, qu'ils reçoivent intégralement sans aucune retenue. (*Circulaire, des 14 mai 1802 et 14 octobre 1820.*)

TITRE II.

POLICE A LAQUELLE LES JEUNES SOLDATS SONT SOUMIS.

CHAPITRE PREMIER.

OBLIGATIONS IMPOSÉES AUX JEUNES SOLDATS QUI S'ABSENTENT DE LEUR ARRONDISSEMENT DE SOUS-PRÉFECTURE.

205   LES jeunes soldats (*remplaçans et autres*) compris sur la liste départementale du contingent, resteront dans leurs foyers jusqu'à ce qu'ils soient mis en activité, et ils seront considérés comme militaires en congé. (*Extrait de l'article 19 de la loi.*)

206   L'article 20 de la loi obligeant à compter le service des jeunes soldats à partir du 1.er janvier de l'année où ils sont immatriculés, il est tout naturel alors qu'ils soient entièrement à la disposition du Ministre de la guerre; et c'est aussi dans ce but qu'on les a assimilés aux militaires en congé. Cependant un assez grand nombre de MM. les Maires ne paraissant pas suffisamment pénétrés de ce principe, on a jugé convenable de leur rappeler ici les dispositions qu'ils doivent suivre à

l'égard des jeunes soldats qui demeurent sous leur sur-
veillance immédiate jusqu'à leur mise en activité.

207   Les jeunes soldats qui auraient à s'absenter de leur
arrondissement de Sous-Préfecture, *pour plus de quinze
jours, seront tenus d'en faire la déclaration devant le
Maire de la commune, en indiquant à ce fonctionnaire
le lieu où ils se proposent d'aller.* (*Art.* 148 *de l'Instruction du* 21 *octobre* 1818.)

208   Si le lieu où veulent se rendre les jeunes soldats qui
s'absentent pour plus de quinze jours, est hors du département, ils ne doivent pas se mettre en route sans une
permission du Maire, autorisé à cet égard par le Préfet.

209   Tout jeune soldat qui aura quitté son arrondissement, ou qui aura obtenu l'autorisation d'aller dans un
autre département, sera tenu à son arrivée de faire connaître le lieu de son habitation au Maire de la commune
où il sera venu résider. (*Art.* 150 *de l'Instruction du*
21 *octobre* 1818.)

CHAPITRE II.

DEMANDES D'AUTORISATION DE MARIAGE A FAIRE PAR
LES JEUNES SOLDATS ; — PAR QUI ELLES SONT AC-
CORDÉES.

210   Les règlemens militaires relatifs aux mariages des
sous-officiers et soldats sont applicables aux jeunes soldats,
bien qu'ils n'aient pas encore été mis en activité.
(*Art.* 156 *de l'Instruction du* 21 *octobre* 1818.)

211   En conséquence, tout jeune soldat que des motifs
d'intérêts de famille ou de simple convenance oblige-

raient à contracter mariage, *devra en faire la demande au Général commandant le département.* Cette demande sera remise au Maire de sa commune, qui la transmettra au Général avec son avis, s'il le juge convenable. (*Circulaire du 30 décembre 1820.*)

212   Le Général commandant le département pourra accorder ou refuser les permissions de mariages, selon que lui paraîtront l'exiger les intérêts combinés du service et des familles.

213   L'autorisation que les jeunes soldats présenteront à l'officier de l'état civil restera annexée à l'acte de célébration de mariage. (*Art. 157 de l'Instruction du 21 octobre 1818.*)

214   Il est expressément défendu à MM. les Maires ou officiers de l'état civil de marier aucun jeune soldat sans qu'il ait préalablement la permission exigée par l'article précédent.

CHAPITRE III.

COMPTES A RENDRE PAR MESSIEURS LES MAIRES.

215   MM. les Maires doivent apporter la plus grande exactitude à informer MM. les Préfets *de tous les changemens qui pourraient survenir dans la position des jeunes soldats résidans dans leur commune*, tels que les décès, les absences, autorisées ou non.

216   Lorsqu'un jeune soldat s'absentera pour plus de quinze jours de l'arrondissement de sous-préfecture, le Maire de la commune doit en donner avis au Préfet par l'intermédiaire du Sous-Préfet. (*Art. 148 de l'Instruction du 21 octobre 1818.*)

217   Lorsque le lieu où voudra se rendre un jeune soldat sera hors du département, le Maire adressera sur-le-champ au Préfet une demande d'autorisation pour délivrer un passe-port à ce jeune militaire, en indiquant le lieu où il se propose d'aller. (*Art.* 157 *de l'Instruction du* 21 *octobre* 1818.)

218   Lorsque, d'après cette autorisation, il y aura lieu à délivrer un passe-port pour l'intérieur, il sera fait mention de la qualité de jeune soldat sur ledit passe-port. (*Art.* 149 *de l'Instruction du* 21 *octobre* 1818.)

219   Les passe-ports à l'étranger ne seront jamais accordés qu'avec l'autorisation du Ministre de la guerre. (*Art.* 149 *de l'Instruction du* 21 *octobre* 1818.)

220   Il est fort essentiel que MM. les Maires fassent connaître aux jeunes soldats de leurs communes toutes les obligations que la loi leur impose comme militaires, afin de leur éviter les punitions qu'ils pourroient encourir par ignorance. Il convient en un mot de les bien pénétrer de l'idée qu'ils ne sont pas libres de disposer de leur personne, surtout pour faire des absences sans en avoir obtenu l'autorisation.

CINQUIÈME PARTIE.

TITRE PREMIER.

DE LA LIBÉRATION DU SERVICE ACTIF.

CHAPITRE PREMIER.

LIBÉRATION DU SERVICE ACTIF DES SOLDATS APPELÉS.

221 En temps de paix, au 31 décembre de chaque année, il sera délivré des congés de libération aux sous-officiers et soldats qui auront achevé leur temps de service dans l'armée active. (*Art. 20 de la loi, paragraphe III.*)

222 En temps de guerre, les congés ne seront délivrés qu'après l'arrivée au corps du contingent destiné à remplacer les sous-officiers et soldats libérés. (*Art. 20 de la loi, paragraphe IV.*)

223 Il sera également délivré des congés de libération de l'armée active aux jeunes soldats qui, à l'expiration du temps fixé par la loi, n'auraient pas encore été incorporés. (*Art. 17 de l'Instruction du 3 décembre 1818.*)

224 Le temps de service comptera pour les sous-officiers et soldats incorporés comme appelés en vertu de la loi du 10 mars 1818, ainsi que pour les jeunes soldats non encore mis en activité, du 1.er janvier de l'année où ils auront été inscrits sur le registre matricule départe-

mental tenu par le capitaine de recrutement. (*Art.* 20 de *la loi et* 17 *de l'Instruction du 3 décembre* 1818.)

225   Les jeunes gens qui, par leur âge, seront compris dans un des contingens formés en exécution de la loi du 10 mars 1818, et qui auraient antérieurement fait partie de l'armée, pourront faire compter en déduction du service exigé d'après ladite loi, le temps qu'ils auraient passé sous les drapeaux, antérieurement à l'appel de leur numéro de tirage. (*Art.* 22 *de l'Instruction du 3 décembre* 1818.)

226   Il ne sera point tenu compte, pour la délivrance des congés aux engagés volontaires et aux remplaçans, du temps pendant lequel ils auraient servi antérieurement à la date de l'acte en vertu duquel ils se trouvent sous les drapeaux. (*Art.* 23 *de l'Instruction du 3 décembre* 1818.)

227   Toutefois les remplaçans seront admis à faire entrer dans le décompte de leurs services, le temps qu'auraient fait les hommes qu'ils représentent jusqu'au jour de leur remplacement. Mais, quel que soit le résultat du décompte, les remplaçans ne recevront point de congé avant d'avoir servi pendant deux ans à compter de la date du remplacement. (*Art.* 23 *de l'Instruction du 3 décembre* 1818.)

228   Les jeunes gens d'une classe appelée qui auraient été admis comme remplaçans, en vertu de décisions ministérielles antérieures à la publication de la loi du 10 mars, ne pourront, s'ils ont été compris dans le contingent de cette classe, et quelle que soit la date de l'expiration de leur service comme remplaçans, être

licenciés avant la libération de la classe à laquelle ils appartiennent. (*Circulaire du 21 octobre 1818.*)

229　　Il ne sera point tenu compte à un militaire condamné comme déserteur, et ensuite gracié, ou rentré dans le corps après l'expiration de sa peine, du temps qui se sera écoulé depuis le jour de sa désertion jusqu'à celui de sa rentrée dans les rangs de l'armée. (*Art. 24 de l'Instruction du 3 décembre 1818.*)

230　　Toute absence illégale de la part des jeunes soldats appelés à l'activité, des engagés volontaires, ou des rengagés, soit avant soit après l'incorporation des premiers, sera déduite des années de service exigées d'après les articles 3, 20 et 22 de la loi du 10 mars, dans les décomptes qui seront faits pour établir les droits à la libération du service actif. (*Ordonnance du 3 janvier 1822.*)

231　　La libération prononcée par l'article 20 de la loi, s'étendra également aux jeunes gens qui, aux termes de l'article 15 de ladite loi, auraient été dispensés conditionnellement. (*Art. 32 de l'Instruction du 3 décembre 1818.*)

232　　Le temps de service comptera pour les dispensés ci-dessus, du 1.er janvier de l'année où ils auront été inscrits sur la liste du contingent de leur classe. (*Idem.*)

CHAPITRE II.

LIBÉRATION DES ENGAGÉS VOLONTAIRES.

233　　LES congés de libération de l'armée active accordés pour ancienneté aux engagés volontaires, leur seront délivrés à l'expiration du temps fixé par leur acte d'engagement. (*Art.* 20 *de l'Instruction du* 3 *décembre* 1818.)

234 Le temps de service comptera aux engagés volontaires, du jour où l'engagement aura été reçu par l'autorité civile. (*Même article.*)

235 Les engagés volontaires, en vertu des lois et règlemens antérieurs à la loi du 10 mars 1818, qui se trouvent sous les drapeaux dans les régimens de ligne, doivent justifier du temps de service stipulé dans leur acte d'engagement, et alors ils doivent être libérés à l'expiration de ce temps.

Si la durée du service n'a pas été stipulée dans l'acte, on consultera l'ordonnance sous l'empire de laquelle ils se sont engagés, et ils seront libérés à l'expiration du temps indiqué dans cette ordonnance. (*Solution donnée le* 3 *juillet* 1822.)

236 Les hommes incorporés dans la garde royale seront libérés à l'expiration du temps spécifié par l'ordonnance en vertu de laquelle ils ont été admis dans la garde; en conséquence, ceux qui avaient déjà servi recevront leur congé à l'expiration de leur sixième année, quelle que soit la durée de leurs anciens services, et ceux qui n'avaient pas servi ne le recevront qu'après huit ans. (*Solution donnée le* 4 *septembre* 1820.)

237 Il ne doit plus être fait de différence, quant à la fixation du jour de la libération, entre les engagés incorporés avant la loi, et ceux qui ne l'ont été que depuis; les uns et les autres doivent être congédiés au jour même de l'expiration du temps de service. (*Solution donnée le* 3 *juillet* 1822.)

238   Il ne sera point tenu compte pour la délivrance des congés, aux engagés volontaires, du temps pendant lequel ils auraient servi antérieurement à la date des actes en vertu desquels ils sont sous les drapeaux. (*Art. 23 de l'Instruction du 3 décembre* 1818.)

239   Il ne sera pas tenu compte non plus, à l'engagé volontaire, condamné comme déserteur et gracié ensuite, ou rentré au corps après l'expiration de sa peine, du temps qui se sera écoulé depuis le jour de sa désertion jusqu'à celui de sa rentrée dans les rangs de l'armée. (*Art.* 24 *de l'Instruction du 3 décembre* 1818.)

TITRE II.

DES RENGAGEMENS ET DES HAUTES-PAIES ATTACHÉES AUX RENGAGEMENS.

CHAPITRE PREMIER.

240   Les rengagemens donnent droit à une haute-paie, à l'admission dans la gendarmerie et dans les compagnies sédentaires appelées autrefois vétérans. (*Art.* 22 *de la loi.*)

241   Les rengagemens que contracteront les sous-officiers et soldats de la garde royale et de la ligne, seront de 2, 4, 6 ou 8 ans, conformément à la loi. (*Ordonnance du* 9 *juin* 1821.)

242   Les sous-officiers et soldats sont autorisés à contracter un rengagement avant d'avoir accompli le temps de service auquel ils sont tenus d'après la loi, *et dès qu'ils comptent une année d'activité.* (*Circulaire du* 22 *mars* 1822.)

243   Les sous-officiers et soldats de la ligne, lorsqu'ils réunissent la taille et les autres qualités requises, sont admis à contracter des rengagemens pour la garde royale, lors même qu'ils n'auraient pas achevé leur temps de service. (*Circulaire du* 22 *mars* 1822.)

244   L'article 22 de la loi accorde, outre la faveur de la haute-paie, aux sous-officiers et soldats qui contractent des rengagemens, la faculté d'être admis dans la gendarmerie royale, quand d'ailleurs ils réunissent les conditions suivantes :

    1.º Savoir lire et écrire correctement.

    2.º Avoir la taille de 5 pieds 4 pouces pour le service à cheval, et 5 pieds 3 pouces pour le service à pied.

    3.º Produire des certificats attestant une bonne conduite soutenue.

245   Enfin, une instruction ministérielle du 27 août 1821, autorise MM. les Lieutenans-généraux, commandant les divisions territoriales, à accorder des congés de trois mois aux militaires qui en feraient la demande en manifestant l'intention de souscrire au rengagement à leur retour.

246   Le Roi, après avoir accordé plusieurs avantages et donné toutes facilités pour les rengagemens, ne permet plus aux sous-officiers et soldats qui auraient reçu leurs congés du service de l'armée active, et une feuille de route pour retourner dans leurs foyers, de contracter ensuite des rengagemens. Sa Majesté a décidé que ces militaires ne pourraient plus rentrer dans les rangs de l'armée qu'en contractant un engagement volontaire par-devant un officier de l'état civil. (*Art.* 45 *de l'Instruction du* 3 *décembre* 1818.)

7

CHAPITRE II.

DES HAUTES-PAIES ATTACHÉES AUX RENGAGEMENS.

247   Il a été créé en faveur des sous-officiers et soldats qui contracteront un rengagement, une haute-paie désignée sous le nom *de haute-paie de rengagement.*

248   Cette haute-paie, graduée suivant le nombre d'années de service que le militaire compte au moment où il souscrit un rengagement, et suivant l'arme dans laquelle il servait, est acquittable en deux portions; l'une par jour avec la solde se nomme *haute-paie journalière*, et l'autre *s'acquitte à l'avance immédiatement après que le rengagement a été souscrit.* (*Ordonnance du 9 juin 1821.*)

249   La portion de la haute-paie acquittable à l'avance est payée en une seule fois et pour toute la durée du rengagement. (*Circulaire du 27 juin 1822.*)

250   Les jeunes gens pourront voir, d'après le tarif qu'ils trouveront au numéro suivant, qu'indépendamment de l'avance que reçoivent les sous-officiers et soldats qui se rengagent, leur solde est augmentée depuis cinq jusqu'à treize centimes par jour.

251   TARIF DES HAUTES-PAIES DE RENGAGEMENT,
établi en vertu de l'Ordonnance du 9 juin 1821.

	HAUTE-PAIE DE RENGAGEMENT, acquittable par jour avec la solde.				HAUTE-PAIE acquittable à l'avance, en une seule fois, pour chaque année de RENGAGEMENT.			
	aux fouriers, caporaux ou brigadiers, et aux soldats.		aux sous-officiers.		aux fouriers, caporaux ou brigadiers, et aux soldats.		aux sous-officiers.	
	de l'infanterie de ligne.	de la garde royale, de la cavalerie, de l'artillerie de la ligne, et du génie.	de l'infanterie de ligne.	de la garde royale, de la cavalerie, de l'artillerie de la ligne, et du génie.	de l'infanterie de ligne.	de la garde royale, de la cavalerie, de l'artillerie de la ligne, et du génie.	de l'infanterie de ligne.	de la garde royale, de la cavalerie, de l'artillerie de la ligne, et du génie.
APRÈS	f. c.	f. c.	f. c.	f. c.	f. c.	f. c.	f. c.	f. c.
6 ans de service.	» 5	» 8	» 5	» 8	7 30	14 60	21 90	32 85
8 ans de service.	» 7	» 11	» 7	» 11	10 95	18 25	29 20	36 50
12 ans de service.	» 10	» 11	» 10	» 13	14 60	21 90	36 50	40 15

252   La portion de la haute-paie qui est acquittable avec la solde, et qu'on nomme *haute-paie journalière*, dépend uniquement de la durée du service déjà fourni, soit qu'il y ait, soit qu'il n'y ait pas de rengagement. Ainsi, dans les corps où la durée du service est fixée à huit ans d'après la loi, les fouriers, caporaux ou brigadiers et soldats jouissent, *après six ans de service*, d'une haute-paie de cinq centimes par jour, et les sous-officiers de huit centimes. Mais la portion de la haute-

7.

paie acquittable à l'avance *n'est due qu'aux seuls militaires qui contractent un rengagement.* (*Circulaire du 27 août 1821.*)

TITRE III.

DE L'AVANCEMENT DANS L'ARMÉE.

253   NUL ne pourra être sous-officier s'il n'est âgé de vingt ans révolus, et s'il n'a servi activement pendant au moins deux ans dans un des corps de troupes réglées. (*Art. 27 de la loi du 10 mars 1818.*)

254   Nul ne pourra être officier s'il n'a servi deux ans comme sous-officier, ou s'il n'a suivi pendant le même temps les cours et exercices des écoles spéciales militaires et satisfait aux examens desdites écoles. (*Art. 27 de la loi du 10 mars 1818.*)

255   Le tiers des sous-lieutenans de la ligne sera donné aux sous-officiers. Les deux tiers des grades et emplois de lieutenant, de capitaine, de chef de bataillon ou d'escadron, et de lieutenant-colonel seront donnés à l'ancienneté, et l'autre tiers au choix du Roi. (*Art. 28 de la loi du 10 mars 1818.*)

256   Nul ne pourra être promu à un grade ou emploi supérieur, s'il n'a servi pendant quatre ans dans le grade ou emploi immédiatement inférieur.

Il ne pourra être dérogé à cette règle qu'à la guerre, pour des besoins extraordinaires, ou pour actions d'éclat mises à l'ordre du jour de l'armée. (*Art. 29 de la loi du 10 mars 1818.*)

SIXIEME PARTIE.

—

TITRE UNIQUE.

DU SERVICE TERRITORIAL DES VÉTÉRANS.

257   Les sous-officiers et soldats rentrés dans leurs foyers, après avoir achevé leur tems de service, seront assujettis, *en cas de guerre,* à un service territorial dont la durée est fixée à six ans, sous la dénomination de vétérans.

En temps de paix ils ne seront appelés *à aucun service*, et, en temps de guerre, ils ne pourront être requis de marcher hors de la division militaire qu'en vertu d'une loi. (*Art.* 23 *de la loi du* 10 *mars* 1818.)

258   Seront exemptés du service des vétérans, les sous-officiers et soldats qui *auraient trente-deux ans d'âge, ou douze ans de service actif, ou qui auront été réformés pour cause de blessures ou infirmités graves.* (*Art.* 24 *de la loi du* 10 *mars* 1818.)

259   La loi ayant entendu confier le service territorial des vétérans aux hommes qui ont personnellement fait le service actif, ce ne sont pas les jeunes soldats ou engagés volontaires qui se sont fait remplacer qu'on appellera pour ce service, *mais bien ceux qui ont été prendre leur place sous les drapeaux, soit comme remplaçans soit comme substituans, et qui sont porteurs de*

congés de libération. (*Art.* 2 *de la Circulaire du* 15 *avril* 1823.)

260   La durée du service des sous-officiers et soldats appelés comme vétérans, courra à partir du jour de la cessation de leur service actif. (*Art.* 4 *de l'ordonnance du* 11 *avril* 1823.)

261   Tous droits à l'avancement et aux récompenses militaires restent ouverts aux sous-officiers et soldats rappelés comme vétérans.

    Ceux d'entr'eux qui contracteront des rengagemens pour le service actif, reprendront leurs rangs et grades dans l'armée, ils toucheront la haute-paie et jouiront du surplus des avantages assurés par les lois et ordonnances aux militaires rengagés. (*Art.* 6 *de l'ordonnance du* 11 *avril* 1823.)

262   Les vétérans seront admis à se faire remplacer suivant les formes et selon les conditions déterminées par les réglemens *pour les autres militaires sous les drapeaux.* (*Art.* 7 *de l'ordonnance du* 11 *avril* 1823.)

263   Les sous-officiers et soldats rappelés comme vétérans qui ne se rendraient pas à la destination qui leur sera assignée, seront poursuivis comme déserteurs, conformément aux lois et règlements militaires. (*Art.* 9 *de l'ordonnance du* 11 *avril* 1823.)

APPENDICE.

CHAPITRE PREMIER.

DE LA SOLDE SUIVANT L'ARME DANS LAQUELLE ON SERT.

DÉSIGNATION DE L'ARME ET DES CLASSES suivant l'ancienneté de service DES HOMMES.	SOLDE PAR JOUR							
	En garnison dans Paris.		En garnison dans tout autre lieu.		En marche dans l'intérieur du royaume, avec le pain seulement.		Sur le pied de guerre, avec les vivres de campagne. (1)	
	garde royale.	troupes de ligne.	garde royale.	troupes de ligne.	garde royale.	troupes de ligne.	garde royale.	troupes de ligne.
	f. c.	f. c.	f. c.	f. c.	f. c.	f. c.	f. c.	f. c.
Infanterie. Grenadiers et Voltigeurs. . . .	» 90	» 55	» 85	» 50	1 10	» 60	» 65	» 35
Fusiliers et Chas- 1.re classe.	» 80	» »	» 75	» »	1 »	» »	» 55	» »
seurs. . . . . . 2.e classe.	» 70	» 50	» 65	» 45	» 90	» 55	» 45	» 30
Cavalerie. Grenadiers à cheval 1.re classe	1 »	» »	» 91	» »	1 15	» »	» 70	» »
et Cuirassiers. . 2.e classe.	» 90	» 62	» 81	» 53	1 5	» 63	» 60	» 38
Carabiniers de Monsieur. . .	» 67	» 67	» 58	» 58	» 68	» 68	» 43	» 43
Dragons, Lanciers, 1.re classe.	» 88	» »	» 81	» »	1 10	» »	» 65	» »
Chass. et Hussards. 2.e classe.	» 78	» 55	» 71	» 48	1 »	» 58	» 55	» 33
Artillerie. Canonniers 1.re classe.	1 10	» 74	» 97	» 61	1 31	» 71	» 76	» 46
à 2.e classe.	» 92	» 63	» 83	» 54	1 17	» 62	» 62	» 37
pied. . . . 3.e classe.	» 82	» »	» 73	» »	1 7	» »	» 52	» »
Canonniers 1.re classe.	1 31	» 89	1 13	» 71	1 43	» 81	» 88	» 56
à 2.e classe.	1 16	» 79	1 »	» 64	1 34	» 72	» 79	» 47
cheval. . . . 3.e classe.	1 1	» »	» 91	» »	1 24	» »	» 69	» »
Compagnies 1.re classe.	1 50	1 12	1 24	» 88	1 64	» 98	1 9	» 73
d'Ouvriers (2). 2.e classe.	1 21	» 92	1 2	» 75	1 42	» 83	» 87	» 58
apprentis.	» »	» 77	» »	» 63	1 32	» 75	» 77	» 48
Soldats 1.re classe.	1 9	» 74	» 96	» 61	1 38	» 81	» 98	» 62
du 2.e classe.	» 93	» 64	» 83	» 54	1 29	» 75	» 89	» 56
train. 3.e classe.	» 83	» »	» 73	» »	1 19	» »	» 79	» »
Génie. Sapeurs 1.re classe.	» »	» 84	» »	» 68	» »	» 78	» »	» 53
et Mineurs. 2.e classe.	» »	» 77	» »	» 65	» »	» 73	» »	» 48

(1) La ration de vivres de campagne se compose d'une demi-livre de viande par jour, une livre et demie de pain, quatre onces de légumes secs ou deux onces de riz, et une demi-once de sel. Souvent aussi l'on fait des distributions de vin et d'eau-de-vie.

(2) Indépendamment de la solde journalière indiquée au Tableau ci-dessus pour les *Ouvriers d'artillerie*, ces militaires reçoivent une solde qui est fixée par journée de travail employé dans les arsenaux, à raison de quarante centimes pendant les six mois d'hiver, et de cinquante centimes pendant les six mois d'été.

265   La solde étant destinée à subvenir aux besoins du soldat, elle est susceptible de toutes les retenues que nécessite l'entretien du linge et chaussure de chaque homme, et celles qu'exige la dépense de l'ordinaire. La portion de solde qui excède ces retenues est remise aux soldats tous les cinq jours, et ce décompte se nomme *prêt.*

266   Chaque homme de recrue reçoit à son arrivée au corps une somme de quarante francs accordés sous le titre de *masse de première mise*, et destinés à le pourvoir de tous les effets de petit équipement et de linge et chaussure. Ces effets consistent savoir :

En un havresac garni de ses courroies.
Un couvre giberne.
Deux paires de souliers neufs.
Trois chemises de bonne toile.
Deux caleçons de toile.
Deux serre-tête.
Deux mouchoirs de poche.
Et une trousse garnie d'un dé à coudre; du fil et des aiguilles.

Tout homme de recrue qui est porteur du tout, ou de partie des effets spécifiés ci-dessus, *en bon état et de bonne qualité*, se trouve dispensé de s'en pourvoir sur les fonds de sa première mise, et la somme non employée est versée à sa masse de linge et chaussure.

CHAPITRE II.

DE LA MASSE DE LINGE ET CHAUSSURE.

267　Les règlemens d'administration militaire exigent que chaque soldat ait constamment dans la caisse du corps une somme de trente francs destinée à l'entretien des effets de linge et chaussure. Pour porter et maintenir cette masse au complet, on exerce une retenue de dix centimes par jour sur la solde de chaque homme, dont on lui fait le paiement tous les trois mois sous le titre *de décompte de la masse de linge et chaussure*, si toutefois il n'a pas besoin d'effets ; car dans ce cas le produit de la retenue est destiné à l'en pourvoir.

268　Les trente francs de masse de linge et chaussure étant la propriété du soldat, le remboursement lui en est fait lorsqu'il quitte le corps par un motif quelconque autre que la désertion.

CHAPITRE III.

TRAITEMEMT DES JEUNES SOLDATS MIS EN ROUTE POUR REJOINDRE UN CORPS.

269　Les jeunes soldats mis en activité, ont droit à l'indemnité de quinze centimes (3 *sous*) par lieue de poste pour se rendre du lieu de leur résidence au chef-lieu du département où ils sont habituellement réunis pour être passés en revue avant d'être dirigés sur les corps. Pour la journée du séjour qu'ils passent audit chef-lieu du département il leur est payé soixante-quinze centimes (15 *sous*).

270   Lorsqu'ils sont dirigés sur les corps par détachement au-dessus de six hommes ils reçoivent une ration de pain et cinquante-cinq centimes par chaque journée de marche, et quand ils voyagent isolément avec une feuille, ils ont droit à quinze centimes (3 *sous*) par lieue de poste.

271   Les engagés volontaires ont également droit à l'indemnité de quinze centimes (3 *sous*) par lieue de poste, pour se rendre du lieu où ils ont souscrit leur engagement à celui où le corps qu'ils rejoignent se trouve en garnison.

272   Aucune retenue ne peut être faite sur la solde de route d'un jeune soldat dirigé sur un corps, et un commandant de détachement qui serait convaincu d'avoir exercé une retenue quelconque, encourroit toute la rigueur des peines prononcées par les lois militaires à cet égard.

FIN.

TABLE DES MATIÈRES.

—

SIXIÈME PARTIE.

APPENDICE.

FIN DE LA TABLE.

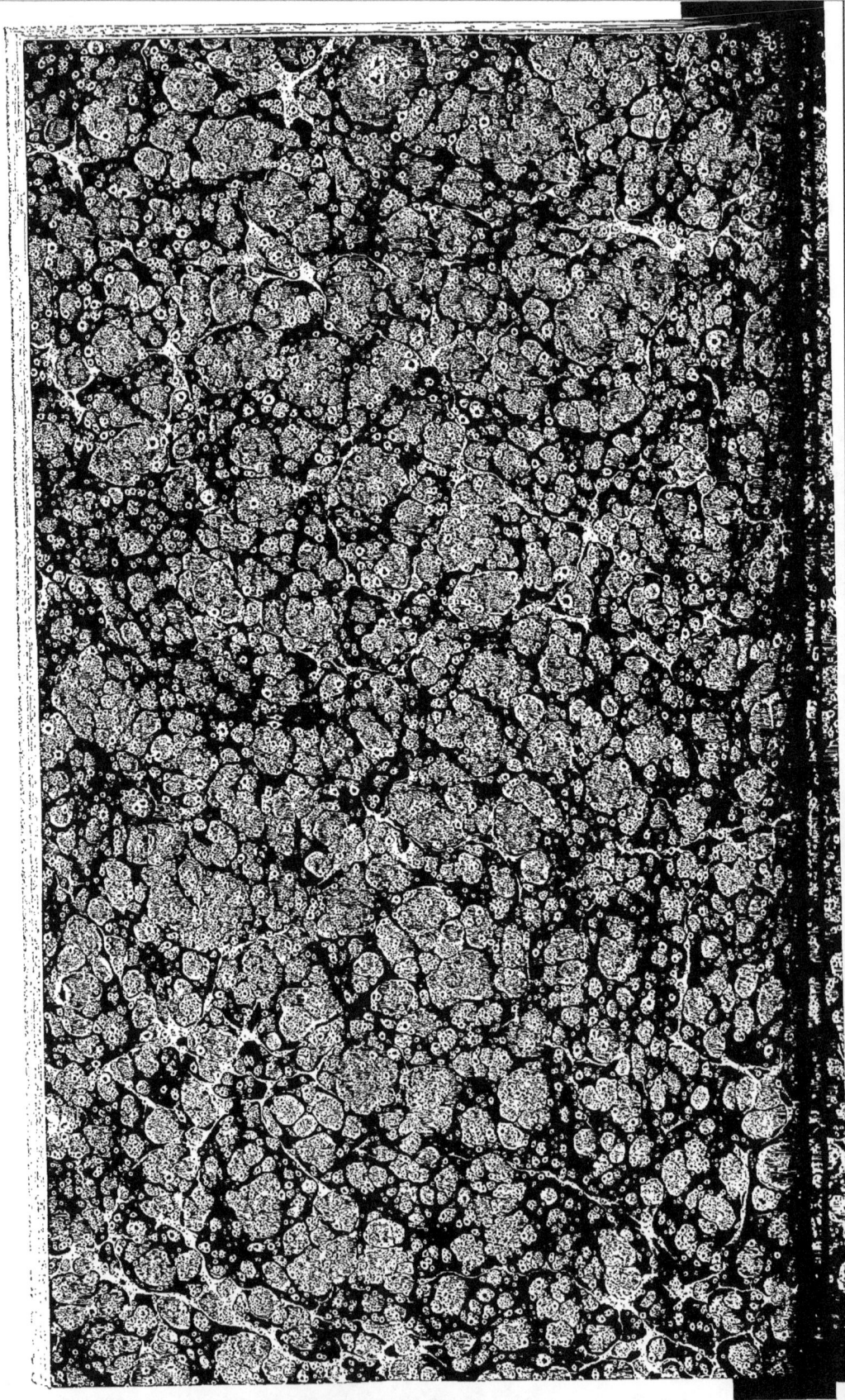

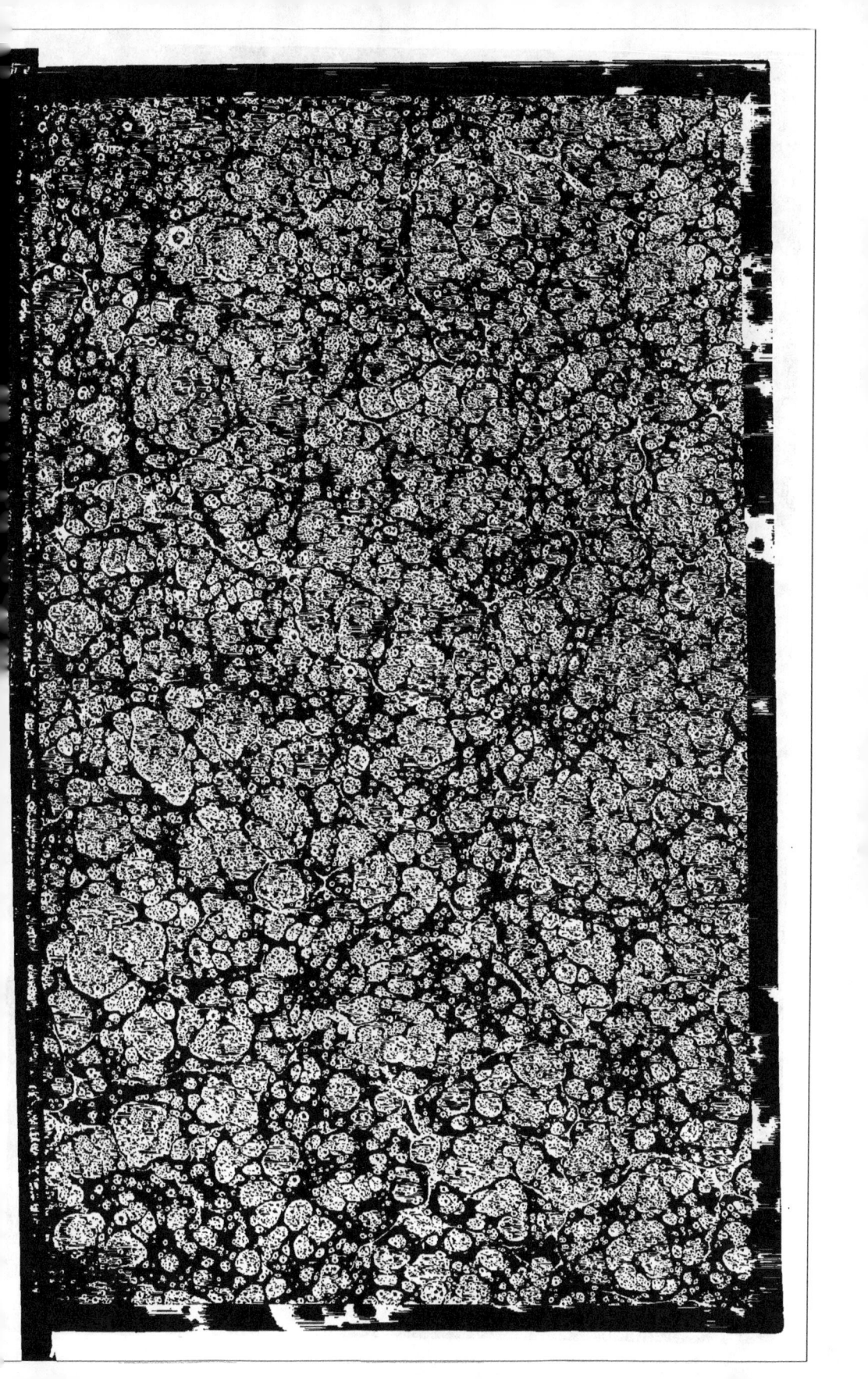